中国文化知识文库

盛世与乱世

徐 潜／主 编

张 克　崔博华／副主编

范传男　徐大成／编 著

吉林出版集团－吉林文史出版社

图书在版编目（CIP）数据

盛世与乱世／徐潜主编 . —长春：吉林文史出版社，
2013.3（2025.9重印）

ISBN 978-7-5472-1472-5

Ⅰ.①盛… Ⅱ.①徐… Ⅲ.①中国历史-古代
史-通俗读物 Ⅳ.①K220.9

中国版本图书馆 CIP 数据核字（2013）第 062795 号

盛世与乱世
SHENGSHI YU LUANSHI

主　　编	徐　潜	
副 主 编	张　克　崔博华	
责任编辑	张雅婷	
装帧设计	映象视觉	
出版发行	吉林文史出版社有限责任公司	
地　　址	长春市福祉大路 5788 号	
印　　刷	唐山富达印务有限公司	
版　　次	2013 年 3 月第 1 版	
印　　次	2025 年 9 月第 5 次印刷	
开　　本	720mm×1000mm　1/16	
印　　张	10.5	
字　　数	250 千	
书　　号	ISBN 978-7-5472-1472-5	
定　　价	68.00 元	

序　言

　　民族的复兴离不开文化的繁荣，文化的繁荣离不开对既有文化传统的继承和普及。这套《中国文化知识文库》就是基于对中国文化传统的继承和普及而策划的。我们想通过这套图书把具有悠久历史和灿烂辉煌的中国文化展示出来，让具有初中以上文化水平的读者能够全面深入地了解中国的历史和文化，为我们今天振兴民族文化，创新当代文明树立自信心和责任感。

　　其实，中国文化与世界其他各民族的文化一样，都是一个庞大而复杂的"综合体"，是一种长期积淀的文明结晶。就像手心和手背一样，我们今天想要的和不想要的都交融在一起。我们想通过这套书，把那些文化中的闪光点凸现出来，为今天的社会主义精神文明建设提供有价值的营养。做好对传统文化的扬弃是每一个发展中的民族首先要正视的一个课题，我们希望这套文库能在这方面有所作为。

　　在这套以知识点为话题的图书中，我们力争做到图文并茂，介绍全面，语言通俗，雅俗共赏。让它可读、可赏、可藏、可赠。吉林文史出版社做书的准则是"使人崇高，使人聪明"，这也是我们做这套书所遵循的。做得不足之处，也请读者批评指正。

编　者

2012 年 12 月

目　录

战国七雄的纷争

公元前 475 年到公元前 221，历史上称为战国时期。经过春秋时期剧烈的兼并战争，到战国时形成了齐、楚、燕、韩、赵、魏、秦七国，史称"战国七雄"。魏国称霸中原，先后与齐国等进行了桂陵之战、马陵之战，使得齐国一战称霸；齐国与秦国又多年征战，以秦国的胜利告终；齐国最终被燕国所灭；秦国又与赵国长期对峙，双方互有胜负，长平之战后，赵国势力削弱……秦国趁势一举歼灭六国，统一了全国。

一、战国七雄形成的背景

公元前 475 年到公元前 221 年，历史上称为战国时期。经过春秋时期剧烈的兼并战争，到战国时形成了齐、楚、燕、韩、赵、魏、秦七国，史称"战国七雄"。

战国初年，各国将精力都放在社会变革上，如李悝变革、吴起改革、商鞅变法等等。经过变革后的各国，实力都有极大的改变，为战国七雄的纷争奠定了经济基础。随后，魏国称霸中原，先后与齐国等进行了桂陵之战、马陵之战，使得齐国一战称霸。齐国与秦国又进行了多年的战争，以秦国的胜利告终，齐国最终被燕国所灭。秦国又与赵国进行了多场战争，双方互有胜负。长平之战后，赵国势力削弱。秦国趁势一举歼灭六国，统一了全国。

（一）周王权的衰落

从周平王元年（公元前 770 年）周室东迁洛邑到周敬王四十四年（公元前 476 年），历史上称为春秋时期，因与孔子修订《春秋》时间大体相当而得名。

周幽王死后，太子姬宜臼即位，是为周平王。考虑到镐京的残破以及地理位置较偏远等因素，周平王决定迁都。公元前 770 年，周平王在郑武公、秦襄公、晋文侯等诸侯的护卫下，迁都洛邑，史称东周。迁都后，开始对有功诸侯论功行赏。洛邑周围有近六百里土地，但分封之后，所剩下的土地寥寥无几，仅剩下今河南西部一隅的地盘。如此一来，天子直接控制和支配的土地就非常少，军事力量严重削弱。但周天子仍然可以以"共主"的名义号令天下。

周幽王为人粗暴残酷，喜怒无常，每天沉溺于酒色，不理朝政。郑桓公见多次劝谏后周幽王仍一意孤行，因此料定国家他日必有祸患，要早日为自己打

盛世与乱世

算。一日，他把掌管王室书籍并且见多识广的太史伯请到府上，讨教说："依先生之见，周室江山还能长远吗？"太史伯长叹一声，回答说："当今天子残害忠良，宠信小人，周室恐有亡国之险啊！"郑桓公点点头，又问："那依先生之见，我要如何才能避开这场祸患呢？"太史伯沉吟片刻，说："如今你不如早日离开这是非之地，洛阳东面、黄河和济河的南面可以居住。这个地方临近虢国（今河南荥阳东北）和郐国（今河南郑州南），由于这两国国君都是贪财好利之辈，百姓们不归附他们，而你身为朝廷司徒，朝廷上下都很拥护您，日子一长，虢郐两国的百姓都会成为您的子民啊！"郑桓公觉得先生的分析有道理，于是就暗地开始筹划东迁事宜，并把自己的货物、财富和奴隶事先运往虢郐两国，准备一旦时机成熟就取而代之。后来桓公死于幽王之难，他的儿子武公即位，灭掉了虢郐两国，建都于新郑（今河南新郑）。武公的儿子庄公，继任周室的卿士，在周王室无力继续维持统治秩序的时候，庄公以"以王命讨不庭"为旗帜，联合齐、鲁攻打宋、卫，制伏了陈、蔡，并且打败了北戎，稳定了东周的政局。但郑却乘机独霸王权，这样与周天子的矛盾就越来越尖锐。平王姬宜臼对郑庄公怀有戒心，不愿朝政为郑庄公所操纵，又乘郑国多事，郑庄公没有来上任的机会，想撤掉他卿士的职务。郑庄公闻知，马上赶到洛阳，对姬宜臼施加压力。姬宜臼再三赔礼，郑庄公不依。平王只好提出让太子姬狐去郑国作人质。不过因为这太有损天子的体面，群臣又提出了相互交换人质的办法，让郑庄公的儿子忽也来洛邑作人质，而周太子去郑国则用学习的名义，史称"周郑交质"。随后，周桓王上台，桓王启用虢公，剥夺了郑伯的权力，使得郑伯心存不满，双方尖锐的矛盾使得一场大战不可避免。公元前711年，周桓王亲自率领陈、蔡、卫等诸侯国的军队讨伐郑国。周军大败，损失惨重，桓王也被射伤肩膀，险些被俘。伐郑的失败，使得周天子的威信一落千丈，而郑国却因此声势显赫，俨然成了取代周天子的春秋霸主，各大诸侯国之间争霸的序幕已经拉开。春秋初期，诸侯列国有一百四十多个，经过连年兼并，到后来只剩下较大的几个，这些大国之间还互相攻伐，争夺霸权，历史上把先后称霸

的这五个诸侯叫做"春秋五霸",即齐桓公、宋襄公、晋文公、秦穆公和楚庄王。另一种说法是齐桓公、晋文公、楚庄王、吴王阖闾、越王勾践。到春秋时期,周王室的地位下降,"礼乐征伐由天子出"转为"礼乐征伐由诸侯出",诸侯的势力越来越强大,周天子越来越依附于这些强大的诸侯,于是强大的诸侯为了迫使其他各国承认其霸主的地位,开始了漫长的征伐之路。

(二) 五霸形成

1. 齐桓公称霸

齐国在今山东省的北部,是一个东方大国。齐襄公死后,公子小白即位,是为齐桓公。齐桓公励精图治,锐意进取,任用管仲,进行全方位的改革。管仲出于"富国强兵"的目的,整顿旧制,对各项制度积极进行改革和创新。在政治方面维持"国""野"分治的制度,国都为国,其他地方为野。全国中设立二十一乡,工乡三,商乡三,士乡十五。在"野"设置五属。各级官吏治理都要严格按照士、农、工、商分区定居制,不得迁徙、杂处。每五家为一轨,轨设轨长。每十轨为一里,里设里司。每四里为一连,连设连长。每十连为一乡,乡设良人。再为臣设三卿,工设三族,商设三乡,泽设三虞,山设三衡,加强管理。对于野,以三十家为一邑,邑设邑司。十邑为一卒,卒设卒帅。十卒为一乡,乡设乡帅。三乡为一县,县设县帅。十县为一属,属设大夫。全国共有五属,设五属大夫分别治理。并划分各级官员的职权范围,属大夫管形狱,县帅管划分田界,乡帅管一般政事,要求他们兢兢业业,不许荒废政事,否则就将被处以刑罚。每年正月,五属大夫要向桓公汇报述职,桓公根据政绩来进行奖惩。

在军事方面实行军政合一、兵民合一的制度。规定士乡的居民必须服兵役。每家出一人为士卒,每轨为一伍,伍由轨长率领。每里五十人为一小戎,小戎由里司率领。每连两百人为卒,卒由连长率领。每乡两千人为一旅,旅由良人

盛世与乱世

率领。五乡一万人为一军，十五乡共三军，桓公、国子、高子各率一军。农闲时训练，有战事时出征，这样既提高了士兵战斗力，也不必支付养兵的费用。另外，为解决武器不足的问题，规定犯罪可以用兵器赎罪。犯重罪可以用甲和戟赎罪；犯轻罪的可以用盾和戟赎罪；犯小罪可以用金属赎罪；铜用来铸兵器，铁用来铸农具；诉讼成功则要交一束箭。从此，齐国的兵器也渐渐充足起来。

在经济方面，除了继续推行奴隶制的生产方式以外，对于"鄙野"出现的大量私田采取了"相地而衰征"的税收方式，即按照土地的贫瘠程度征税。另外，山林河泽也由政府统一管理，鼓励贸易以促进生产。提高人口的生育水平，从而增加齐国的总体人口数量。对商业，特别是盐商加以重税，以补足税收的差异。实行粮食"准平"政策，避免富人抢夺穷人的粮食，进一步控制贫富的差距。

管仲的改革很快取得了成效，收到了富国强兵的效果，齐国国力日盛。恰逢北方山戎和狄族势力南侵，齐桓公伺机提出了"尊王攘夷"的口号。"尊王攘夷"，就是尊重周朝王室，承认周天子的共同领袖的地位，联合各诸侯国，共同抵御戎、狄等部族对中原的侵扰。"尊王"在当时是一面"正义"旗帜，在此旗号下，齐国打败山戎，保护燕国；击退楚国，保护中原，在诸侯国中威望大增。齐国借"尊王"之名，行争霸之实。

齐桓公能够率先称霸的原因在于齐国负山面海，是东方的一个大国，有丰富的鱼、盐和矿藏，为其争霸提供了有利的自然条件和经济条件。其次，齐国任用管仲为相，改革内政，提倡节俭，发展生产，改革军制，这是齐桓公称霸成功的根本原因。第三，齐国采取灵活务实的外交政策，积极开展对外活动。公元前651年，齐桓公在葵丘（今河南兰考）召集诸侯会盟，周天子也派了代表参加，表示认可，齐桓公正式确立了自己的霸主地位。

2. 晋楚争霸

正当齐国忙着攻打山戎之时，南方的楚国强大起来，接连对外用兵。但后来，在与齐国的交手中败下阵来，承认齐国的霸主地位。楚国在与齐国交手落败之后，将注意力转移到东方，先后灭掉弦（河南光山西北）、黄（河南潢川西）和徐国（安徽泗县北），势力扩展到今豫南、皖北地区。在葵丘之会不久，齐桓公去世，齐国

内部争权夺势，霸业衰落。楚国趁此机会，向中原扩张，以前那些依附于齐国的小国纷纷向楚国归附。

晋国地处山西汾水流域，与戎狄杂处。周襄王十六年（公元前636年），流亡在外十九年的重耳回国即位，是为晋文公。晋文公执掌大权后，重用狐偃、赵衰等人，推行免债轻赋、救贫济弱，积极发展工商业。扩充军事编制，结束了多年以来动荡的晋国格局，为晋国争霸奠定了基础。随着实力的增强，晋国开始全力与楚国争霸。一度依附于楚国的宋国首先摆脱了楚国，转而依附于晋国。这样激起楚国的不满，为了保持在中原的绝对优势，楚国在陈、蔡等国的支持下出兵伐宋。

公元前633年，楚成王率领楚、郑、陈等国军队围攻宋国都城商丘（今河南商丘县南）。宋国派人到晋国求救，晋文公采纳了部下的正确意见，争取了齐国和秦国参战，壮大了自己的力量。而后，又改善了同曹、卫的关系，孤立了楚国。这时，楚国令尹（官名）子玉大怒，发兵进攻晋军。

晋文公为了避开楚军的锋芒，以便选择战机，命令部队向后撤退九十里。古代军队行军三十里叫做一舍，九十里就是三舍。晋军"退避三舍"，后撤到卫国的城濮（山东省）。城濮离晋国比较近，补给供应很方便，又便于会合齐、秦、宋等盟国军队，集中兵力。公元前632年，晋楚两军开始决战。晋军诱敌深入，楚军陷入重围，全部被歼。城濮之战创造了在军事上先退让一步，后发制人取胜的先例。城濮之战是关系到中原全局的战争，使中原小国摆脱了楚国的控制，归附了晋国。此后，晋文公请来周襄王，在践土（今河南原阳西南）和诸侯会盟。周襄王册封晋文公为"侯伯"（诸侯之长），并赏赐他黑红两色弓箭，表示允许他有权自由征伐。晋文公成了中原霸主。

城濮之战后，楚国北上再度受挫，转而向东发展，先后灭掉江（息国西）、六（安徽六安）、蓼（河南固始），攻打群舒（安徽舒城、舒山一带）和巢（安徽巢湖北），占领了淮南等地。楚庄王即位，楚国国内一度发生内乱，楚庄王任用孙叔敖为令尹进行改革。孙叔敖主张"施教于民"，极为重视民生经济，因此制定、实施有关政策法令也都以便利农、工、贾为主。

当时的楚国通行贝壳形状的铜币，下令将小币铸成大币。老百姓不适应这

盛世与乱世

种变化，商人们也因此蒙受了巨大损失，纷纷放弃商业经营，这使得当时的经济异常萧条。孙叔敖知道后，就去向庄王请求恢复原来的币制，庄王答应。不久以后，市场又恢复了繁荣的局面。

当时，淮水流域常闹水灾，影响了农业的发展。孙叔敖为使百姓富足，国家强盛，亲自去调查，主张兴修水利设施。最著名的就是芍陂。芍陂原来是一片低洼地，孙叔敖发动农民数十万人，修筑堤堰连接东西的山岭，开凿水渠引来河水，造出了一个人工大湖。有水闸可以调节水量，既防水患又可以灌溉浇田，从而振兴了楚国的经济，楚国经济空前强盛。周定王元年（公元前606年），楚庄王伐陆浑（河南嵩县北）之戎，接着率军北上，楚庄王谴使者问九鼎的轻重，鼎是象征王权的，问鼎的大小实际上是显示了楚庄王夺权的野心，大有取周而代之的气势。

楚国一直没有放弃进军中原，周定王十年（公元前597年），楚国围郑，三个月就攻破郑都。晋国遣兵救援，与楚国展开激战，晋国将帅举棋不定、犹豫不决，大败。楚庄王雄踞北方。时隔两年，楚国围宋，宋艰苦抵抗，但无济于事，最终被迫投降。晋国无力参与竞争，只好对楚国的军事行动置之不理，一些小国纷纷依附于楚国，楚庄王成为中原霸主。

3. 秦霸西戎

晋国称霸的时候，西部的秦国也强大起来。平王东迁的时候，秦襄公因护卫有功被封为诸侯。到秦穆公时期，秦国实力大增。周襄王二十五年（公元前627年），秦趁晋文公去世的机会，插足中原，派军偷袭郑国，途中遇到郑国商人弦高。为了争取时间给郑国国君报信，弦高以国君的名义用十二头牛犒劳秦军，同时让人回郑国报信。秦军以为郑国已有准备，于是灭掉了晋国的盟国滑（河南偃师西南）。由此，晋国开始对秦的军事行动有所防范，出兵截击秦军，爆发了崤（河南渑池西）之战，秦军陷入包围圈，全军覆没。随后秦军又接连几次出兵攻晋，但都无功而返。东进受阻后，秦将注意力转向了西方。当时在今陕甘宁一带，生活着许多戎狄的部落和小国，如陇山以西有昆戎、绵诸、翟、泾，渭南有陆浑之

戎。他们生产落后，披发衣皮，各有君长，不相统一。他们常常突袭秦的边地，抢掠粮食、牲畜，掳夺子女，给秦国造成很大的困扰。秦穆公向西发展，采取了比较谨慎的策略，先强后弱，顺次征服。当时，西戎诸部落中较强的是绵诸（在今甘肃天水市东）、义渠（在今甘肃宁县北）和大荔（今陕西大荔东）。其中，绵诸有王，住地在秦的故土附近，与秦疆土相接。绵诸王听说秦穆公贤能，

便派由余出使秦国。秦穆公隆重接待由余，向他展示秦国壮丽的宫室和丰裕的物资储备，向他介绍西戎的地形、兵势，并挽留由余在秦国居住。与此同时，秦穆公还遣人给绵诸王送去女乐。动听美妙的秦国音乐舞蹈，使戎王大享眼耳之福，他终日饮酒享乐，不理政事。等到绵诸国内政事岌岌可危时，秦穆公才让由余回国。由余的劝谏，遭到了戎王的拒绝。在秦人的规劝下，由余最终归向秦国。秦穆公以宾客之礼接待由余，和他讨论统一西方戎族的策略。秦穆公三十七年（公元前623年），秦军出征西戎，以迅雷不及掩耳之势，包围了绵诸，在酒樽之下活捉了绵诸王。秦穆公乘胜前进，二十多个戎狄小国先后归服了秦国。秦国辟地千里，国界南至秦岭，西达狄道（今甘肃临洮），北至朐衍戎（今宁夏盐池），东到黄河。秦穆公称霸西戎，就连周襄王也派遣召公带了金鼓送给秦穆公，以表示祝贺，承认了秦穆公的霸主地位。

4. 吴越争霸

吴越两国都地处海滨，吴在今江苏南部，越在今浙江北部。两国都拥有肥沃的土地，可以坐收鱼盐之利，经济逐渐繁荣起来。公元前6世纪末，吴王阖闾即位，在楚国亡臣伍子胥的辅佐下，进行了政治、军事等方面的改造。在政治方面，建造城郭；军事方面，举荐深通兵学的孙武为将，选练兵士，整军经武，使吴国成为东南地区的强国。根据吴与周边各国的强弱形势及利害关系，伍子胥与孙武等决定先西破强楚，以解除对吴之最大威胁，继而南服越国以除心腹之患的争霸方略。实力大增的吴国多次派兵侵扰楚国边境。周敬王十四年（公元前506年），吴联合唐、蔡大军攻楚，趁楚军兵疲马乏之际进攻楚军。吴军与楚军相遇在柏举（湖北麻城），楚军大败而逃。吴军乘胜追击，连战连捷，攻下楚国都城

郢（湖北江陵纪南城），楚王仓皇出逃。楚国面临严重的危机，楚国人民奋力抵抗。吴国国内贵族争权，越国趁机攻入吴国都城，吴国国力大大削弱。

越国建都会稽（浙江绍兴东南），是越族的一支。公元前 6 世纪，楚国为了制伏吴国，便帮助越国攻打吴国。周敬王二十四年（公元前 496 年），吴越战于携李，吴军败，吴王伤指而死。夫差即位，誓言报仇。两年后，吴大举攻越，越王勾践战败，军队所剩无几，只得称臣求和。但越王勾践自此下定了灭吴的决心。勾践任用范蠡、文种等人，在经济、军事外交上进行改革。在经济上，发展畜牧业，垦殖土地；军事上，加强士兵训练，严明军纪；外交上，采取亲楚的策略。勾践的励精图治使得越国由弱变强。公元前 482 年，吴王北上会盟，国内空虚，勾践利用这个机会，出兵吴国直逼都城，夫差慌忙回军抵抗，但为时已晚，越灭吴，夫差自尽。越王勾践北进，大会诸侯于徐州（山东藤县），号称霸主。

（三）影响

诸侯各国争霸，说明了周朝王权的削弱。自公元前 770 年平王东迁洛邑（今河南省洛阳市）以后，周朝王室更加衰败。从前是天子统帅诸侯，"礼乐征伐自天子出"，现在这些权力都落到诸侯手里，新兴地主阶级纷纷起来夺权，周朝奴隶制处于"礼坏乐崩"的境地。齐桓公、晋文公提出"尊王攘夷"的口号，具有维护奴隶制统治秩序的意义，但口号背后的真实含义则是要扩张领土，掠夺财富。

各诸侯国的统治者，为了扩大地盘，掠夺人口和财富，相互争战，故有"春秋无义战"之说。争霸战争给广大人民带来了深重的苦难，人民怨恨战争，渴望统一。但争霸战争的客观后果是大国拓展了疆域，实现了区域性的统一，加强了集权的趋势，加快了统一的步伐。同时，又不同程度地削弱了奴隶主集团的势力，便利了新兴地主阶级的发展。战争又在客观上加强了华夏族同其他各族的接触，促进了民族融合。

战国七雄的纷争

二、战国七雄变法图强

当秦始皇的先祖正在积极改革，大力发展秦国经济之时，与它相邻的超级大国晋国正在悄悄地分化。到公元前403年，曾经称霸中原数年之久的晋国分

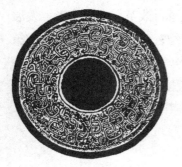

裂成了韩、赵、魏三国。史称"三家分晋"。"三家分晋"在历史上具有非同寻常的历史意义，它被看作是由春秋时代进入战国时代的标志性事件。也就是说从公元前403年开始，历史从此进入了战国时代。就在晋国衰落之际，秦国已经慢慢成为一个诸侯大国。

（一）三家分晋

一向被称为中原霸主的晋国，到了春秋末期，国君的权力也衰落了，实权由六家大夫把持。他们各有各的地盘和武装，互相攻打。后来有两家被打散了，还剩下智家、赵家、韩家、魏家。这四家中，又以智家的势力最大。一向把握国政的智伯瑶野心很大，想将其他三家的土地据为己有，于是以使晋国强大为由逼迫各家交出土地归公家管理。三家大夫都清楚智伯瑶的狼子野心，但三家又各有想法。韩、魏因惧怕智家的势力无奈交出了土地，但赵家大夫赵襄子拒不交地。这让智伯瑶大为恼火，马上发兵攻打赵家，并命令韩、魏两家一起出兵伐赵。

公元前455年，智伯瑶率领韩、魏军队直攻赵家。赵襄子自知寡不敌众，采纳了谋臣张孟谈的建议，选择具有良好百姓基础并有所准备的晋阳（山西太原）作为与智伯瑶对峙固守的阵地。赵襄子带着军队退守在晋阳。三个月内，智伯瑶就将晋阳团团围住，赵襄子命令士兵坚守不战，晋阳城头的利箭也使得三家联军动弹不得，双方对峙了两年之久。智伯瑶在久攻不下之际突然想出一条妙计，他看到晋阳城外的晋水，想到要是将晋水引入西南直接灌入晋阳城，那么自己就可以不费吹灰之力攻下晋阳。于是智伯瑶命令士兵在晋水旁挖出一

道直抵晋阳的河道，在晋水上游筑起堤坝，拦住上游的水。恰逢雨季水势凶猛，智伯瑶凿开水坝引水经所挖河道直灌晋阳城。晋阳城内一片狼藉，房屋被浸，百姓只能在屋顶避难；灶台被淹，只能将锅悬挂起来做饭，但百姓拒不投降智伯瑶。可晋阳城遭到破坏，粮草不足，百姓贫病交加，情况十分危急。赵襄子深受百姓士气鼓舞，却又深知不断蔓延的水势定会使全城失守。无奈之下只能寄希望于劝说韩、魏，借助两家帮助摆脱窘境。赵襄子派张孟谈偷偷出城，约韩、魏两家大夫一起倒戈围攻智伯瑶。韩、魏大夫犹豫不决，既憎恨智伯瑶的专权跋扈，又担心自己实力不济，倒戈不成反被智伯瑶灭掉。两家大夫联想到此前智伯瑶约他们一起察看水势并得意地炫耀自己以水灭晋阳的举动，不由得担心将来智伯瑶也会用此举攻击自己，因为魏的安邑、韩的平阳两家城外均有河道。张孟谈趁机以唇亡齿寒的道理游说两家大夫，终于成功获得了韩、魏的支持。

赵襄子与韩、魏两家约好里应外合，赵襄子派兵杀掉智伯瑶军队负责守护河堤的士兵，掘开河堤，将晋水引至智氏军营。此时的智伯瑶正在营内大睡，忽然听见吵闹声，起来一看发现军营之内早浸满了水，智伯瑶以为是所筑堤坝出现裂痕致使水漫军营，马上组织士兵赶往堤坝，可水势越来越大，军队乱成一团。此时赵襄子率领赵军出击智氏，韩、魏两家从两旁夹击，在三家的追击之下，智氏死伤士兵不计其数，智伯瑶也被三家所杀，智氏全军覆灭。

赵、韩、魏三家灭了智氏后，不但把智伯瑶侵占两家的土地收了回来，连智家的土地也被三家平分。以后，他们又把晋国留下的其他土地也瓜分了。公元前403年，韩、赵、魏三家打发使者上洛邑去见周威烈王，要求周天子把他们三家封为诸侯。周威烈王同意了这一要求。至此，韩（都城在今河南禹县，后迁至今河南新郑）、赵（都城在今山西太原东南，后迁至今河北邯郸）、魏（都城在今山西夏县西北，后迁至今河南开封）都成为中原大国，三家分晋标志着中国社会正式进入战国时代。

（二）七国变革

经过了春秋时期激烈的兼并战争，到战国时期形成齐、魏、赵、韩、秦、楚、燕七个大国争雄的局面，被称为"战国七雄"。这七个大国为取得争权斗争的胜利，巩固和扩展地主阶级利益，先后在不同程度上进行了社会改革。

1. 魏国

率先变革的是魏国，支持变法的是李悝。战国初年，魏文侯执政时期，任用李悝为相，主持变法。主要有以下几点内容：

（1）废除奴隶主官爵世袭制。提出根据功劳和能力选拔官吏，使得地主阶级能够牢牢掌握政权。

（2）提出"尽地力"的农业原则。目的在于挖掘土地的潜力，提高农作物的产量，增加田租的收入。规定一亩地的标准产量是一石五斗，要求农民勤于耕作，每亩地要增产三斗；同时杂种其他粮食以防止某种作物突然发生虫害；要勤于劳作不得偷懒，收获之时要加紧强收；充分利用房前屋后的土地进行植树种桑，多种瓜果蔬菜。

（3）实行"平籴法"。封建社会一直有"谷贱伤农，谷贵伤民"的说法。为了防止这种现象的出现，政府采取了平籴法，即：年成好时，政府平价收购粮食；遇到年成不好的灾年或者荒年，政府再将粮食以平价出售，以此来平衡粮食的价格。这样做的目的是防止小商人垄断市场，操控市场价格，有利于稳定小农经济。

（4）《法经》问世。李悝为确立封建法制，作《法经》六篇。这六篇分别为"盗法""贼法""囚法""捕法""杂法""具法"。"盗法"顾名思义就是防止盗窃，主要是防范农民对私有财产的侵犯，以保护地主阶级的私有制；"贼法"主要是镇压破坏封建秩序的行为，以维护地主阶级的政权；"囚法"和"捕法"主要的针对盗贼；"杂法"主要是惩办议论国家法令、赌博、官吏贪污和一些超越等级制度的法律；"具法"是根据特殊状况减轻或加重刑罚的法律。从《法经》具体内容来看，都是以保护封建地主阶级利益为出发点的，为后代

盛世与乱世

法律所效仿。

（5）武卒制。在军事改革方面，任用吴起为统帅，选拔士兵进行严格的训练和考核。凡考核合格者，一律免除一家的徭役，并奖励田宅。如此一来，大大激发了士兵的训练热情。吴起根据士兵的不同特点，将他们分成不同组别，有适合长途奔袭的，有适合爬坡的，有身体强健适合近距离作战的。这样就可以根据战争发生时的地形特点有针对性的派出士兵，使每个人的力量都得到最大限度的发挥。这套军事制度被称为"武卒制"。

李悝变法有效地抨击了旧制度，使魏国经济得以迅速发展，国力日益强大，成为战国初期的一个强盛的国家。变法同时掀起了战国大变法运动的序幕，各国纷纷变法强国，最终汇成了一股时代潮流，这是中国古代规模最大、历时最长、成效最显著的一场变法运动。

2. 楚国

楚国是战国初年领土最大的国家，但由于楚国政治腐败、经济落后，使得国力异常衰弱。公元前402年，楚悼王即位。刚刚即位的楚悼王就受到了来自赵、魏、韩等国的进攻，楚国自然无力抵抗。公元前391年，赵、魏、韩又再度伐楚，大败楚军于大梁，楚国丧失大片土地。万般无奈之下，楚悼王只得重金贿赂秦惠公。最终在秦国的帮助下，与赵、魏、韩讲和。这一事件给了楚悼王很大的打击，他认为面对这样内外交困的状况，必须改革，振兴国家。恰巧这时，吴起因在魏国受到排挤和猜测逃至楚国，吴起的才智得到楚悼王的赏识，于是楚悼王任命吴起为宛（河南南阳）守，把守北部边境，防止赵、魏、韩的进攻。公元前382年，吴起被任命为令尹，主持变法，内容主要有以下几个方面：

（1）打击旧贵族。规定凡是封君传到第三代就收回其爵禄，废除公族中疏远者的特殊待遇，把一些旧贵族迁移至荒凉的地区，这样就从政治和经济双方面打击了旧贵族的势力。

（2）精简官职。将现存官职中一些无关紧要的职位废除，削减过高的官吏俸禄，省下的钱用于训练士兵，增强国家军事实力。

（3）整顿吏治。要求官吏一心为地主阶级效力，别无二心。

吴起的变法，沉重打击了楚国的旧贵族势力，使得楚国国力大增，也加速了楚国的封建化进程。

3. 秦国

秦国的经济一直发展得比较缓慢，公元前361年，秦孝公即位，决心大力改革，因此十分注重对人才的选拔，求贤若渴。商鞅就是这个时候走进秦国，用"强国之术"说服了秦孝公。秦孝公让商鞅主持变法，商鞅从公元前356年到公元前350年进行了两次大规模的变法，主要有以下内容：

（1）废井田开阡陌。以法令的形式废除了奴隶制的井田制，把原来的小田界统统破除，变为两百四十步一亩，重新设置田界，不准擅自移动。把土地授给农民，允许其买卖。这就从法律上维护了封建土地私有制。

（2）建立军功爵制。规定了军功爵位的获得以在前线杀敌的多少来计算，杀敌越多奖励越厚，建立了一套军功爵制度，按照爵位的高低给予不同的特权。最重要的一点，是国君的宗族中没有军功的不能列入公族的属籍，不能享受贵族的特权，这对旧贵族来说是个沉重的打击，但对新兴的地主阶级还有下层士兵来说都是一个鼓励。

（3）重农抑商。商鞅认为农业是国家的根本，是"本业"，而其他的商业和手工业是辅助农业的副业，称为"末业"。为保证国家的财力，商鞅规定：凡努力耕作多缴纳租税者，可免去其徭役；反之，弃农经商或者因不思耕作而无法缴纳租税者一律没入官府为奴。积极招募无地农民来秦国开荒，加重关税迫使商人弃商务农。为增加劳动力积极鼓励生产，规定凡一户有两个儿子的，儿子到成人年龄必须分家，独立谋生，否则要出双倍赋税；女子到一定年纪必须出嫁；禁止父子兄弟（成年者）同室居住，推行小家庭政策。这些政策有利于人口增加、征发徭役和户口税，发展封建经济。

（4）统一度量衡。颁布了标准的度量衡器，一尺约为今0.23米，标准量器为一升，约为今0.2公升。

（5）推行郡县制。将许多乡、邑合并成县，每个县设立令和丞等官职来掌管全县的大小事务，县直属于中央，加强了中央集权。

（6）什伍连坐法。五家为伍，十家为什，有彼此监督互相纠察告发"奸人"的责任。如若发现"奸人"不告发，处以腰斩；如一家藏匿"奸人"，则什伍连坐受刑。

商鞅变法废除了奴隶制度，巩固和发展了封建制度，出现了经济繁荣的美好景象。全国百姓以私下斗殴为耻，以为国家立下战功为荣，国家的军事力量不断增强，秦国也一跃成为战国时代国富兵强、最有战斗力的国家，为后来统一六国奠定了基础。

4. 赵国

赵国在赵烈侯（公元前481—公元前387年）时采纳牛畜的建议，提倡仁义，行使"王道"，所谓"王道"实际上就是在一定的历史时期，处理一切问题都按照当时通行的人情和社会道德标准，在不违背当时的政治和法律制度的前提下，所采取的某种态度和行动。后赵烈侯又采纳荀欣和徐越的建议，在官吏选拔上选择贤人和能人，按照个人能力安排职位；在财政上主张节财俭用，避免浪费。经过这些有效的改革，赵国的封建政权得到了巩固和发展。

5. 韩国

在各国变法都风起云涌之时，韩昭侯也认识本国在国力等方面尚处于落后状态，不变法就有可能亡国。在各国的变法中，魏国的变法影响较为深远，韩昭侯希望效仿魏国的李悝变法。因此，公元前355年，韩昭侯选用了与李悝同为法家代表人物的申不害主持变法。

申不害建立了一套因功行赏的制度，强调"术"的重要性。所谓"术"就是专制君主任免、考核、赏罚各级官吏的方法。申不害主张国君应该"独断专权"掌控最高统治力，喜怒不形于色；要求官吏都能人尽其责，不越权；经常对官吏进行考核和监督。申不害的变法加强了中央集权。申不害在韩国十五年，诸侯不敢来伐，国家经济得到极大发展。

6. 齐国

齐威王即位之初，终日沉迷酒色，不理朝政，齐国内政混乱，直至外敌入侵，齐威王才幡然悔悟，决心努力振兴齐国。齐威王善于纳谏，尤其是不同意

见。平民邹忌鼓琴自荐，劝谏齐威王：任用贤臣，铲除奸佞之臣，体恤民情，休战养民方能成就霸业。齐威王觉得邹忌言之凿凿，认为他是个人才，封其为相国，改革政治，整顿朝政。

即墨大夫为人质朴，勤理政务，人民富裕，但不善于交际，故常遭人诽谤诋毁；与之相反的阿大夫，不思进取，所管辖之处田地荒芜，戒备松懈，但阿大夫用重金贿赂齐威王左右，终日为其美言。齐威王派人调查后，得知事实并非所耳闻的那样，立刻召回两位大夫。齐威王即位九年，即墨大夫因在政事方面极有成就，齐威王赏赐他万户食邑。同时，阿大夫不思朝政，百姓贫苦，又重金贿赂国君左右替他美言，被齐威王识破，将阿大夫处以烹刑，并下令全国：不论是谁能够当面指出君主过错的，都可以得到最高奖励；上书指出错误的，可以得到中赏；大庭广众议论君主过失的，可以得到下赏。由此一来，齐国上下进谏蔚然成风，很多弊端都被一举革除，政治昌明。

齐威王注重军事力量的培养，他以田忌为司马，孙膑为军师，刻苦训练，同时加强边境防守。齐威王末年，齐国一跃成为诸侯国中最强盛的国家。

7. 燕国

公元前 316 年，燕王哙听信佞臣之言让位给子之，收回三百石俸禄以上大官的官印，由子之重新任命。燕王哙效法尧舜的举动引起旧贵族的强烈不满。公元前 314 年，旧贵族发动叛乱，子之虽出兵平定了叛乱，但后遭到齐宣王的武力干涉，子之兵败被杀，燕国几近亡国。随后燕昭王即位（公元前 311- 公元前 279 在位），奋发图强，自身勤俭，重金招纳贤士，但很多人认为燕昭王只是叶公好龙，并不是真心想要招揽贤才，因此对于燕昭王招贤的举动都处于观望之势。燕昭王久招贤士未果很是苦恼，于是有人提议让燕昭王去找贤者郭隗。郭隗给燕昭王讲了一个"求千里马但只得马骨"的故事，大意是说古时有个国君宠爱千里马，听闻某处有一良驹，于是派人去买。不料使者到达之时千里马早已病死，无奈之下使者用一半钱买了马骨。得到马骨的国君很生气，但使者却说现在有人知道国君用重金买了马骨，足以表明国君爱马的程度，日后自会有人源源不断地送马来的。最终的事实证明使者的话是正确的。郭隗又说自己愿意当马骨，来为燕昭王引出天下贤士。郭隗自言，如果像他这样才能不高的人都能得到敬重，那么天下有才之士都会前来归附的。燕昭王明白郭隗话中之意，想要求贤才就必须要体现出对贤才尊重的态度，这样才会吸引更多贤才前来投靠。燕昭王马上命人修建了一座精致的房子给郭隗居住，并把他当成老师来尊敬。各国有才之士看到燕昭王的举动，纷纷前来效力，其中最著名的就是乐毅。乐毅深得燕昭王的赏识，被封为亚卿。乐毅训练军队，整顿国政，在时机成熟之际为燕昭王制订了"举天下而攻之"的伐齐策略，指挥联军连下齐国七十余城。得到乐毅等人的帮助，燕国逐渐强大起来，气势一度胜过了齐国。

　　各国的变法运动实际上是一场封建化的变革，各国都在不同程度上打击了奴隶主贵族的势力，保护了封建地主阶级的权力。通过变法，各国的经济实力大大增强，形成楚在南，赵在北，燕在东北，秦在西，齐在东，韩、魏居中的七雄并存的局面，七国交战的序幕自此正式拉开。

战国七雄的纷争

三、战国七雄间的兼并战争

这七个大国为了扩张自己的势力，一面在本国实行变法改革以图强，一面相互混战，侵伐小国，互相兼并，战争愈演愈烈。

（一）魏国称雄中原

战国初年，魏国首先成为最强盛的国家，原因是多方面的：三家分晋时魏国分得的今山西西南部的河东地区，生产发达，经济基础坚固；更重要的是魏文侯时期任用李悝的变法使得封建经济在魏国蓬勃发展起来，形成了中央集权的政治制度，并拥有强大的武装军事。从公元前413年起，魏国就不断侵袭秦

国，到公元前408年，占据了秦国的河西一带，逼迫秦人退守到洛水。随后，魏国又派兵越过赵国进攻中山（河北省宁晋、柏乡徐水等县间地），于公元前406年灭掉中山国。魏文侯在西方和北方都取得了胜利后，便将注意力转向了东方，魏国联合韩赵两国攻入齐国的长城，大败齐军。

由于古时候战争规模的扩大和一些运动战术的出现，要求防御手段也要相应改进。各国都在国境上把原有的堤坝加高，利用险阻的地形修建防御工程，其中不能不提的就是长城。战国中期，秦、赵、燕三国常受到匈奴、东胡等少数民族的侵扰，这些少数民族多以游牧为主，因此善于骑射，进攻和撤退都十分迅速，使得三国不得不在边境上修建长城。秦国的长城是在秦昭王时期修筑的，这条长城主要修筑在陇西（甘肃中部）、北地（甘肃东北部和宁夏东南部）、上郡（陕西西部）三郡的边地。赵国的长城修筑于赵武灵王时期。赵武灵王破林胡和楼烦之后，修建了东起赵国代郡（河北张北县南）向西沿着阴山山脉直至高阙（疑内蒙古乌拉山西）的长城。燕国的长城修建于破东胡之

后。长城西起造阳（河北省怀来县），东至襄平（辽宁省辽阳）。

大败齐军使得魏、韩、赵三国一时间名声大振。公元前 391 年，魏、韩、赵三国联军又进攻楚军，大败楚军于大梁，魏国趁机占有大梁及其周边的土地。公元前 371 年，魏国又攻下楚国的鲁阳（河南鲁山县），自此魏国占据了黄河以南的大部分土地，在诸侯中享有威望。因此说，在魏文侯和魏武侯时期，魏国已经取得了称霸的规模。公元前 369 年，魏惠王即位，采取了诸多措施巩固已成的霸业。首先，将国都由安邑（山西夏县北）迁至大梁，不仅改变了以往交通不便的状况，而且加强了对诸侯的控制，保障了国都的安全。其次，兴修水利，发展生产。开放统治者独占的山林，让百姓自由开采，使得生产有所发展，缓和了阶级矛盾。再次，对外笼络赵、韩，与之结盟。最后，修建长城。以上策略的实施使得魏国实力大增。公元前 356 年，鲁、卫、韩等国的国君都来魏国朝见魏惠王，魏惠王霸主的地位显而易见。

（二）桂陵之战

魏国的强大经常威胁到其他国家的安全。公元前 356 年，赵成侯与齐威王、宋桓侯在平陆（山东汶上县）盟会，建立了齐赵联盟，共同讨伐魏国。公元前 354 年，赵国起兵攻打卫国，逼迫卫国屈服入朝。但卫国原本是入朝魏国的，现在赵国逼迫其改入朝赵，魏国必然不许。于是魏国派庞涓出兵伐赵，围攻赵国都城邯郸，次年攻破赵国都城邯郸。赵国向其盟军齐国求救。齐威王命田忌、孙膑率兵救赵。田忌主张直逼邯郸，与魏军交锋；孙膑却认为要避实就虚必须袭击大梁，迫使魏国自救，在魏军回师途中设下埋伏，定能破敌。田忌依孙膑计策，围攻大梁，魏军果然退兵自救。当魏军长途跋涉途经桂陵（山东菏泽）时，遭遇到齐军设下的伏兵阻击，以逸待劳的齐军突然出击，大败魏军，庞涓只身逃回魏国。

虽然魏国兵败桂陵，但实力仍不可小觑。公元前 352 年，魏国联合韩国攻打齐、宋、卫的联军，齐国不得已请出和事佬向魏国求和，魏国挽回了败局，重新成为中原第一强国。而此时秦国正值商鞅变法，便趁魏国全力出兵东方之际，发兵攻魏，并在公元前354年攻下魏国河西重镇少梁，两年后又占魏国旧都安邑。魏国放弃了在东方和齐、赵的战事，将邯郸还给赵国，并与之在漳水结盟，集中力量对付秦国。公元前350年，魏国向秦国展开反攻，收复大片失地，强大的攻势使得秦孝公坐立不安，商鞅也认为以秦国现在的实力单独对抗魏国是不足以成事的，因此商鞅劝解秦孝公和魏惠王在彤（陕西华县）相会讲和。

魏国在称霸中原的过程中与其他小国展开了多场战争，魏、齐、赵、秦之间的战争就历时五年之久。在这过程中，魏国虽有吃败仗的时候，但总体来说，对其霸业并无影响。公元前344年，魏惠王举办了逢泽之会，共有十二个诸侯国参加，但韩国却没有参加。

（三）马陵之战

魏国对在桂陵之战中的挫败一直怀恨在心，总想伺机报复齐国。在魏国与齐、赵、秦三国长达五年的战争中，韩国一直是魏国的拥护者，但韩国怕魏国日益强大而吞并掉自己，便没去参加逢泽之会，却与齐国关系亲密。韩国的亲

齐举动使得魏国异常不满。公元前342年，魏国发兵攻打韩国，弱小的韩国自然不是魏国的对手，危急之中向齐国求救。齐王征求孙膑等朝臣的意见，邹忌反对出兵救韩，田忌则同意出兵，而孙膑认为韩国是一定要救的，但是要掌握救的时机，对韩国要表示一定会出兵相救，就会使得韩国奋力抵抗。当韩国处于危亡之际，再发兵救韩，就可以使齐国"尊名""重利"一举两得，齐威王表示赞同此计。得到齐国出兵相救消息的韩国殊死抵抗，但仍五战五败，只得再次向齐国求救。齐威王认为时机已到，便派遣田忌、田婴为将，孙膑为军师，起兵攻魏。魏惠王也派庞涓、太子申为将，率兵十万迎战。庞涓在桂陵之战中败给孙膑，心中很是不服，此次交战，庞涓十分谨慎。双方久攻不下，相持近一年。

公元前341年，齐、魏两军刚一交战，齐军就佯装兵败后撤。孙膑利用庞涓轻敌的弱点，以逐渐减灶的假象来迷惑魏军。第一天挖了十万人煮食用的

灶，第二天减至五万灶，第三天又减至三万灶，营造出在魏军追击下，齐军士兵大批逃亡的假象。庞涓果然中计，在接连追击齐军的三天里，看到齐军每天都在减灶，认为齐军败局已定，便放松警惕，只身带着精锐部队继续追击齐军。孙膑在魏军必经之地马陵（山东炎城马陵山）设下伏兵。马陵之地，地势险要，通道狭窄并被树木所包围，庞涓一定中计，毫无退路可言。孙膑将士兵埋伏在道路两旁，约定以火光为信号，万箭齐发。孙膑将路旁一棵树的树皮剥下，在上面写下"庞涓死于此树下"的字样。傍晚时分，庞涓追至马陵，夜色中看到路边被剥皮的树，上面隐约还有字迹，命令士兵点火准备查看，不料火光一点，一时间万箭从四面八方雨点般射来，魏军毫无准备，溃败逃散，庞涓中箭，随后自杀。齐军乘胜追击，歼敌十万，俘获魏军主帅太子申，马陵之战以齐军的胜利结束。魏国实力因此战大大受损，丧失了霸主地位，不得不向齐国屈膝，齐国也代替魏国成为霸主。

在庞涓与孙膑的几次交锋中，都以孙膑的全胜告终。孙膑和庞涓曾同为兵学家鬼谷子的学生，两人是同窗好友，因情谊深厚而结拜为兄弟，孙膑比庞涓年长，故孙膑为兄，庞涓为弟。在学业方面，孙膑要比庞涓扎实一些。当时，魏国国君广招天下贤士，待遇优厚，庞涓决定出师谋求富贵，而孙膑认为自己学艺未精，想要继续和先生学习，暂不出山。庞涓到了魏国，与魏王畅谈许久，深得魏王的赏识，被任命为元帅，执掌魏国兵权。庞涓接掌魏国兵权后，对外用兵连连得胜，甚至还打败了当时的强国齐国，魏国百姓都十分尊重庞涓。

此时的孙膑仍随先生学习，先生将密不外传的孙武兵法全都传授给了孙膑，使得孙膑的才能远远胜于庞涓。魏王听了他人的举荐，十分欣赏孙膑，便派使者请其出山。孙膑的到来使得庞涓忧心不已，担心孙膑取代他的地位，便心生一计，在魏王面前暗示孙膑有通齐之嫌。魏王要将孙膑问罪，庞涓假意求情，对齐王说道："孙膑罪不至死，不如挖其双髌让其不能行走，面刺罪人印记，

留他一条性命吧。"魏王无奈点头。受刑之后的孙膑夜以继日地为庞涓作《孙武兵法》，后得知庞涓想等他写完就害死他，孙膑便装疯将已经写好的兵书全部烧毁，忍辱负重，使得庞涓最终对其放松了警惕。孙膑千方百计逃至齐国，受到齐威王的重用。在桂陵之战中，孙膑一计围魏救赵使得庞涓狼狈不堪，退回魏国，孙膑算是报了一箭之仇。在马陵之战中，孙膑又大获全胜，庞涓眼看无力回天，只得兵败自杀。

（四）秦、齐对峙

魏国在马陵之战中败北后，实力大为削弱，齐国取代魏国成了新的霸主。商鞅变法后的秦国，势力大大加强，于是大国间的形势发生了变化，秦国和齐国成了实力最强的两个大国，形成了东西对峙的局面。此时各大国陆续称王，大国间领土毗邻，彼此间的矛盾冲突就更加尖锐了。齐国和秦国这两个东西对峙的大霸主开始了争取小国，孤立敌国的斗争。

在齐国和秦国斗争的过程中，合纵连横是贯穿始终的一个重要策略。合纵连横，在地域上是以韩、赵、魏三国为主，北连燕或南连楚，东连齐或西连秦，南北相连为纵，东西相连为横。在策略上，"合纵"就是联合诸多弱小国家攻打一个较大的国家，目的是阻止强国进行兼并。"连横"就是强国迫使弱小国家帮助它进行兼并。合纵连横政策的初始，既可以牵制秦国又可以限制齐国，

直至长平之战后意义发生变化。实际上"合纵"和"连横"都是争取暂时同盟者的外交手腕，其目的是进一步兼并土地，扩张领土。

公元前329年，张仪由赵国进入秦国，凭借出众的才智被任命为相国，积极为秦国出谋划策。在张仪的辅佐下，秦君称王，秦国日益强盛。

张仪入魏游说魏惠王连横，魏惠王因受到齐国和楚国的打击不得不采取张仪的连横策略，与秦国和韩国联合起来攻打齐国和楚国。张仪的策略是希望魏国能率先归附秦国，为其他国家做个表率，但遭到了魏惠王的拒绝。秦国立刻出兵攻占了魏国的曲沃（山西闻喜县）、平周（山西介

盛世与乱世

休县）两地，此战对其他国家而言威慑很大。出于对强秦的恐惧，齐、楚、燕、赵、韩五国转向公孙衍提出的合纵策略。

公元前 318 年，以楚怀王为首爆发了齐、楚、燕、赵、韩五国伐秦的战争，秦国派兵与联军在修鱼（河南原阳县）交战，联军大败。自从合纵联军退兵后，秦国十分重视对后方的扩充。公元前 316 年，巴蜀相攻，秦王想要趁机一举灭蜀，但因韩国的入侵犹豫不决，司马错力主攻蜀，认为攻下蜀国可以使人力、物力方面都得到强而有力的补充，又可占据有利地势顺流攻楚。

秦王采纳此议，派遣张仪、司马错出兵一举灭蜀，后灭掉巴国，获得巴蜀大片土地。如此一来，秦国占据了富饶的天府之国，为秦国经济的发展和军事战争的准备提供了有利的保障。

齐国和秦国间最大的斗争焦点在楚国。齐国为了对付秦国联合了楚国，楚国虽然社会改革不彻底，经济落后，但拥有辽阔的疆土和众多的人口，轻易就可调集百万大军。齐国联合楚国对秦国来说影响很大，因此如何破坏齐楚之间的联盟就显得尤为重要。秦王派张仪入楚游说楚怀王。张仪暗地收买了楚国旧贵族，并以六百里商于土地作为诱饵诱惑楚怀王，楚国要是能和齐国断绝关系，秦国愿意献出商于六百里的土地。楚怀王一听动了心，丝毫不理会屈原等人的劝谏，立刻与齐国断绝了关系，并且派人到秦国去索要张仪承诺的六百里商于之地，但张仪却矢口否认，并说当时承诺的是六里而非六百里。遭到秦国愚弄的楚怀王大怒，兴兵攻打秦国，却被秦兵大败于丹阳（河南丹水北岸），并虏其将领数十人，反夺楚国汉中之地，这片土地与秦国的巴蜀之地连成一片，有效保证了秦国国土的安全，极大增强了秦国的实力。

（五）燕国破齐

燕国本来也是个大国，后来燕王哙将王位让给了相国子之。燕国将军和太子进攻子之，燕国发生大乱。公元前 314 年，齐宣王以燕王哙让位给子之引起内乱为借口，出兵燕国，短短十几天就攻占了燕国，但燕国军民奋力抵抗，终

战国七雄的纷争

于迫使齐国撤军。

后公子职即位，是为燕昭王。燕昭王一心想要报当年齐国武力干涉燕国之仇。燕昭王与郭隗、乐毅一起改革政治，奋发图强，经过漫长的二十八年的努力，燕国终于国富兵强。

燕昭王认为现在燕国的势力已经远胜从前，想要兴兵伐齐，于是征求乐毅的意见。乐毅认为齐国地广人多，称霸多年根基雄厚，善于用兵，虽然齐国国君不体恤民情，横加暴敛，对外诸多用兵引起诸侯不满，但对于这样的一个大国，单凭燕国的实力恐怕很难取胜。倘若一定要出兵，最好联合楚、魏、赵、韩等国，先孤立齐国，才有取胜的机会。燕昭王接受了乐毅的建议，并派人分别出使赵国、秦国、楚国和魏国，各国早就厌恶齐国国君的骄暴，于是纷纷同意联兵伐齐。公元前284年，燕昭王任命乐毅为上将军，率兵出征。赵王也将相印交给乐毅，乐毅率领燕兵联合赵、楚、韩、魏五国之兵大举伐齐。齐王并未料到燕国会带兵反齐，连忙召集全国之兵仓促应战。

两军相遇于济水西岸，乐毅亲临前方指挥将士向齐军猛烈进攻，一时间联军锐不可当。而齐军因连年征战，士兵疲惫不堪，齐王对作战不利士兵的处罚也让士兵们心寒不已，根本无心应战。因此，在联军的猛攻下，齐军大败，溃不成军。齐军主力被歼后，齐王狼狈逃窜，退回国都临淄。昭王闻讯十分高兴，亲至济西战场劳军，犒赏将士，封乐毅为昌国君。在济西大败齐军之后，乐毅厚赏了秦、韩两军并遣还其回国，打算自己直逼齐都临淄。乐毅认为齐国的精

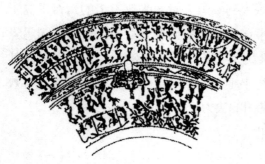

锐部队已经全部阵亡，国内一片混乱，这是一举灭齐的最好时机，坚持率军乘胜追击。乐毅命魏军直攻旧宋国之地，命赵军攻取河间地区，而自己则亲率燕军长驱直入，直奔齐都。燕兵的节节胜利逼迫齐王出逃，后被楚将所杀。乐毅攻齐的六个月里，攻下齐国七十多个城池，仅剩下下莒（山东莒县）和即墨（山东平度县）未被攻克。为了彻底灭掉齐国，乐毅在攻下齐国诸多城池之后，实施了一系列的安民措施：首先，整顿军纪，不准危害百姓；其次，减轻赋税，恢复齐威王时期的合理法令；最后优待归顺燕国的齐人，笼络齐国统治阶级。这样一来，对齐国的占领

就基本巩固了。

但后来燕昭王去世，其子惠王即位，因猜忌乐毅罢其官职，改用骑劫。骑劫无视乐毅制定的政策，放纵燕兵对齐国降卒任意残害，甚至掘坟焚尸，激起齐国百姓极大的仇恨。齐将田单利用齐国人民这种仇视燕将的情绪，率兵利用"火牛阵"夜袭燕军。田单事先挑选了一千多头牛，在每头牛的牛角处捆上尖刀，又在每头牛的背上披上一条被子，

在被子上画上大红大绿、奇奇怪怪的图案，在牛尾巴上系上已经浸透油的芦苇。午夜时分，田单让士兵在城墙上凿破十几处，将牛赶出去并将牛尾巴上的芦苇点燃。一千多头尾巴被点燃的牛被烧得性子大发，冲着燕军的营地就闯了过去，田单命五千"敢死队"持大刀、长矛尾随牛队突袭燕军。正在睡梦中的燕军被这些头顶长刀的怪物吓得大惊失色，根本无力抵抗，纷纷四处逃窜，死伤不计其数。燕国主将骑劫被杀，齐国乘胜收回大片失地，齐国暂时转危为安。但齐国在与燕国的斗争中损失惨重，从此一蹶不振，齐国丧失了与秦国抗衡的能力，齐、秦对峙的局面被打破了。

（六）秦、赵大战

正当齐、秦两国打得不可开交之际，赵国悄悄地发展起来。赵国的周边都是善于骑射的少数民族，如赵国东北方有东胡，西北方有林胡、楼烦，这些都是我国游牧民族，对赵国有很大的威胁。赵国的主力部队以战车为主，在战斗中无法灵活地四处攻击，笨重的战车也无法赶超轻快的骑士，因此使得赵国在战国初年的征伐中处处被动挨打。公元前307年，在屡次与周边少数民族交手中，赵武灵王认识到，要想迅速使赵国强大起来，必须首先建立强大的军事力量，决定实行"胡服骑射"，"胡"指的就是胡人，意思是说全方面学习胡人，不仅学习他们的服装穿着，还要学习他们骑马、射箭的技术。赵武灵王在赵国北部亲自训练骑兵，并将这支训练有素的骑兵作为军官团，培训其他士兵，所

有想要成为骑兵的士兵都要经过统一的考试，这样赵国就建立起一支实力超强的军事力量，迅速强盛起来。这引起了齐、秦的不安，为了打击赵国，秦昭王派遣穰侯魏冉到齐国，请齐湣王与秦昭王同时称帝，共同联合其他国家攻打赵国，并三分赵国天下。但这一策略并未成功，最终被苏秦的合纵策略所破坏。齐国反倒采取苏秦的建议，联合其余国家反秦，迫使秦昭王将以前侵占的魏国、赵国的土地悉数归还。赵国实力更胜从前。

公元前 286 年，齐国灭掉宋国，势力大振，引起各国的不安，秦国趁机与各国约定反齐，蒙骜带兵进攻齐国的河东，攻下九城。公元前 278 年，秦国又派白起攻下楚国的国都郢，楚国的势力也消失殆尽。齐国和楚国的势力削弱，使得秦国可以顺利地推行"远交近攻"的策略。当时秦国把战争的矛头转向魏、韩两国。秦国希望扩大自己的疆域，强令秦军越过魏、韩去攻打齐国，范雎指出这样并不能扩大秦国的土地，适时向秦昭王提出"远交近攻"的策略。"远交近攻"是针对当时秦国的状况提出的。齐国势力强大，离秦国距离遥远，要想攻打齐国，必须要越过韩、魏，士兵长途跋涉，十分辛苦，难以取胜。不如先攻打临近的韩、魏，逐步推进，但需防止齐国与这两国结盟，秦王要主动派使者与齐王修好。只有这样，才能削弱敌国。秦昭王任命范雎为相，积极推行"远交近攻"策略，向三晋发动大规模的进攻。三晋之中以赵国实力最强，因此秦、赵之间的战争不可避免。

1. 阏与之战

公元前 270 年，秦国派遣中更胡阳越过韩国的上党，向赵国的险要地区阏与发动进攻。赵国派赵奢前往营救。赵奢佯装畏惧秦军，带兵在距离邯郸三十里的地方驻扎下来，令士兵增筑营垒，毫无进军的打算。当秦军被麻痹之后，赵奢命令全军以两天一夜的时间火速赶到距阏与五十里的地方驻扎下来，吸引秦军。派遣一万人占据北山的制高点，秦军前来争夺之时，居高临下的赵军大破秦军，成功解除秦国对阏与的围攻，使得秦国大受打击。

2. 长平之战

公元前 262 年，秦昭王派大将白起攻打韩国，占领了野王城（河南沁阳），彻底切断了上党郡和国都的联系。韩国希望献出上党郡向秦国求和，但上党郡的郡守不愿投降，于是请赵国发兵救援。赵国派遣老将廉颇驻军长平，秦国也派白起迎战，驻扎在长平，双方开始了大战前的对峙。廉颇仔细分析了秦国的军事状况，认为秦军攻击力量很强，因此不能迅速出战，应采取坚守策略，以逸待劳消耗秦军力量。三年间，双方相持不下。

秦军多次挑战，赵国却不出兵。赵王为此屡次责备廉颇。秦相范雎派人向赵国权臣行贿，并伺机散布谣言说秦国并不害怕廉颇，真正畏惧的是赵奢之子赵括，造谣说廉颇即将出降。赵王怨恨廉颇固守不战，因而相信了流言。公元前260年，中了反间计的赵王，改用赵奢之子赵括代替廉颇，命其出击秦军。赵括只会纸上谈兵，对带兵打仗全无心得，他一改廉颇布置的战术，大举攻秦。

秦相范雎得知反间计已获成功，立刻派白起为上将军，去指挥秦军。白起一到长平，便布置好埋伏，在正面佯装兵败撤退。赵括不知是计，紧追不舍，掉进白起的埋伏圈。随后白起又派出三万骑兵，分成两支，一支两万五千人，负责切断赵军的退路；另一支五千人，负责将赵军的军队截成两段。赵括此时无计可施，只能筑垒坚守，等待救兵，秦国趁机将赵国运送援兵和粮草的道路彻底切断。被秦军围困四十六天后，弹尽粮绝又无援兵的赵括只得将赵军分成多部，轮番突围，但都以失败告终，赵括也在突围中被秦军射死。失去主将的赵军四十万人全部投降了秦军。白起将战俘中年幼的两百多人放回，其余的全部活埋。

3. 窃符救赵

长平之战使得赵军的主力损失严重，而秦国却乘胜追击包围了赵国的都城邯郸。秦国残暴地对待赵国的百姓，激起赵国人民的不满，赵国军民万众一心英勇抵抗秦国，秦军惨遭败绩，死伤惨重。范雎派郑安平为主将继续进攻邯郸。赵国向魏国求救。平原君一面向楚国求救，一面书信联系信陵君。信陵君的姐姐是赵惠文王弟弟平原君的夫人，平原君写信给信陵君请其游说魏王出兵救赵。在信陵君的游说下，魏安釐王派将军晋鄙率领十万大军驻守在汤阴（河南汤阴县）声援赵国，但因惧怕秦国不敢进兵。名义上是救赵，实际上则是抱着观望的态度。此时的信陵君也千方百计想要解除赵国当下的威胁。有人向信陵君献计，现在必须偷得魏王的兵符才能救赵。兵符是古代传达命令或调兵遣将所用的凭证，成虎型，又称虎符。分为两半，一半留存在国君，一半交给率军的统帅。调发军队时，必须两块虎符合二为一。魏王的兵符藏在卧室内，而能够自由进出魏王卧室的只有魏王的宠妾如姬。当年如姬之父被杀，信陵君为其报了杀父之仇，因此如姬心怀感激。现在如果让她为此效力，一定可以成功。信陵君依此计行事，而如姬也不负众望，成功偷得虎符交给信陵君。信陵君带着原在屠市上做屠夫的朱亥一同前往魏军的驻地，假传魏王命令撤销晋鄙的军职，由信陵君接任。晋鄙验过虎符，即便合二为一，但仍将信将疑，此时朱亥毫不犹豫用铁锤杀了晋鄙，夺取了最高统治权，发兵进攻秦国。此时楚国也派景阳带领大军前来救赵，秦军在赵、魏、楚三军的内外夹击大败。秦将郑安平在三国的内外夹击下，率领两万人投降了赵国。这是秦国继阕与之战后的又一次大败，连之前攻占的魏国的河东和赵国的太原都失守了。即便这样，秦国仍旧具有较强的实力，继续向东发展。这就是历史上"信陵君窃符救赵"事件。

4. 五国攻秦

公元前 367 年，残存在洛阳附近的周朝贵族发生权力争夺，韩、赵武力干涉，周分裂为西周和东周。公元前 256 年，秦灭掉西周，随后又灭掉东周，占据了今天伊水、洛水和黄河之间的大片土地。秦灭二

周后，开始了对韩、赵、魏的吞食。公元前 242 年，秦国对魏国展开了进攻，一举攻下酸枣（河南延津县）、雍丘（河南杞县）等二十城，使得秦国的国土与齐国的土地连在了一起，对东方各国威胁极大。于是，公元前 241 年，五国商议合纵攻秦，楚王为纵长，五国纵军一路攻到蕞（陕西临潼县）。但秦国出兵反击后，身为纵长的楚王却率先逃跑，其余各国也纷纷撤退，五国合纵攻秦失败。秦国势力又进一步加强，统一趋势不可避免。

5. 秦灭六国

公元前 247 年，秦庄襄王去世，13 岁的子政即位，他就是后来大名鼎鼎的

秦始皇。公元前238年，22岁的嬴政亲政，成功铲除了吕不韦、嫪毐等反动势力夺回政权。在李斯等人的帮助下，秦国制定了一系列的措施，国家势力更胜从前，开始了统一六国的战斗。

秦国首先选择了韩国。因为韩国是六国当中实力最弱小的，且与秦国距离较近，符合秦国"远交近攻"的战略。公元前230年，派内史腾率兵进攻韩国，俘虏韩王，将所得的韩国土地设立为颍川郡，韩国灭亡。

公元前231年和公元前230年，赵国先后发生了地震和大灾荒的自然灾害，国力受损。公元前229年，秦国趁赵国受灾之际，派王翦率兵攻赵，赵国派李牧、司马尚奋力抵抗。李牧曾是抵抗匈奴的名将，他所率领的军队战斗力超强，多次击败秦军。王翦意识到李牧是一个劲敌，必须在战斗外将其除掉。王翦重金收买了赵王身边的宠臣郭开，散布谣言说李牧等勾结秦军有叛国之嫌。赵王听信谣言立刻撤换了李牧和司马尚，暗中斩杀了李牧，这引起了军队对统治集团的不满，战斗力大幅度下降。王翦趁机大举进攻。公元前228年，赵王献帝请降，赵公子嘉率宗族百人逃至代郡（河北蔚县），自立为代王，赵国几近亡国。

在追击赵公子的过程中，秦军到达燕国边境，燕国面临亡国的威胁不得不先出手——太子丹派荆轲去刺杀秦王，但刺杀未遂，反而激起秦国的怨恨，立刻派遣王翦、辛胜等起兵，在易水击败燕军主力。公元前226年，王翦攻下燕国都城蓟（北京大兴），燕王逃跑，燕国只好杀掉太子丹，向秦军求和。秦军因气候原因撤兵南下。

公元前225年，王翦的儿子王贲率领十万大军大败魏国，包围了魏军的大都，但魏军以大梁为依托坚守不出，秦军无计可施。于是秦军只能掘开河沟，将黄河水引入城内，三个月后，大梁城被水破坏，魏王投降，魏国亡。

公元前224年，秦国派王翦率领六十万大军进攻楚国。王翦选择有利地形以逸待劳、按兵不动，秦王将一切人力、财力都用于前方的战事。一年后，楚军意志渐渐放松，又由于粮草不足决定向东撤退。王翦于是趁楚军撤军之际大举追击，一举歼灭了楚军的主力，占领了楚军的江南地，楚国亡国。

　　齐国距离楚国比较远，秦国一直奉行的"远交近攻"的战略非常成功，因此齐王建在位的四十多年里，齐国一直处事谨慎，既不参与合纵也不与任何国家连横，直至五国接连被秦国灭掉后，齐国才开始有了一丝恐慌，担心齐国有朝一日也会重蹈五国的覆辙。公元前 221 年，王贲率兵一路打到齐国都城临淄，齐王请降，齐亡。

　　至此，战国七雄的纷争以秦国的彻底胜利而告终。

四、战国七雄故事

（一）烽火戏诸侯

周幽王的爱妃褒姒生来不爱笑，于是为了博得美人一笑，周幽王无所不用，但都收效甚微。在高额赏金的诱惑下，虢石父提议点燃烽火台来取悦褒姒。

古时，烽火台在城外，每隔五里就有一座烽火台，用来防备敌兵。西周的都城镐京离一个叫犬戎的少数民族部落不远，而犬戎的强大，就威胁着周王朝的统治，尤其是镐京的安全。为了防备犬戎的进攻，周王朝在骊山一带建了二十多座烽火台，每隔几里地就是一座。如果犬戎进犯，把守第一道关的士兵便立刻点燃烽火，第二道关的士兵见到之后，也把烽火烧起来。这样一个接一个，烽火台都冒出了滚滚的浓烟，附属于周朝的诸侯国见到了，就会立刻发兵前来援助。虢石父认为，假如诸侯率领军队，浩浩荡荡地赶到了都城，却没有敌兵，诸侯国狼狈的样子必然会让皇后发笑。

听了虢石父的计策，幽王与褒姒驾临骊山。周幽王向褒姒解释烽火台的用处，但褒姒并不相信在这样一个高土台上点把火，就能召来千里之外的救兵。为了讨得褒姒的欢心，周幽王立即下令，让士兵点燃烽火。烽火在一个接一个的烽火台上点燃起来，刹那间火焰直冲云霄。各地的诸侯看见烽火台上的滚滚浓烟，以为国都受到进攻，纷纷率领军队前来救援。

没多久，各国诸侯皆领兵而至，一路车马劳顿，风尘仆仆。到了国都之后，看见的只是周幽王和褒姒在饮酒作乐，根本就没有什么敌军，才知道自己被国王愚弄

战国七雄的纷争

了。诸侯们敢怒不敢言，只好悻悻地率领军队返回。褒姒凭栏远眺，见各路军马匆匆赶来，又悻悻而回的狼狈相，觉得很好玩，不禁嫣然一笑。周幽王一见宠妃终于笑了，开心不已。这就是周幽王烽火戏诸侯的典故。

虽得美人笑，但却失信于天下，得不偿失。

（二）围魏救赵

公元前 354 年，魏国将军庞涓率领军队围攻赵国都城邯郸，双方对峙年余，

彼此都疲惫不堪。赵求救于齐，齐王命田忌、孙膑率八万大军前往援救。田忌准备直赴邯郸与魏国交锋，孙膑却不赞同。孙膑认为，要解开纷乱的绳套，不能用手强拉硬扯；要排解争斗，不能参与搏击；要乘虚取势，让双方受到制约就会彼此分开；要避实就虚，击中要害。他向田忌建议说："现在魏国精锐部队都集中在赵国，国内防御必定空虚，我们如果带兵向魏国的都城大梁猛攻，占据它的交通要道，袭击它空虚的地方，那么魏军必然放下赵国回师自救，邯郸之围就自然可以解开了。我们可以趁机在途中伏击庞涓，其军必败无疑。"田忌依孙膑之计行事，魏军果然撤出邯郸，归魏途中又遭遇伏击与齐战于桂陵，魏军大败，溃不成军，庞涓勉强收拾残部退回大梁。邯郸之围解开，孙膑也因此战闻名天下。而这一避实就虚的战术也为历代兵家所欣赏。

（三）"不飞则已，一飞冲天；不鸣则已，一鸣惊人"

齐威王即位之初，陶醉于彻夜宴请宾朋饮酒，不理朝政，将国家大事全部交给公卿大夫。国君的昏庸使得下面文武百官上行下效，极尽荒淫放纵之事，国中朝政无人问津。正在此时，各诸侯国纷纷派兵来袭，国家危在旦夕。齐威

王身边近臣都不敢进谏，无奈之下，淳于髡站了出来。淳于髡是一个能言善辩的人，屡次出使诸侯国。齐威王喜欢说隐语，因此淳于髡就利用隐语对齐威王进行劝谏。他说："齐国城中有一只大鸟，落在大王的庭院之中，三年过去了，可它不飞也不叫，请问大王这是为什么呢？"齐威王自然知道淳于髡在讽刺自己，于是他答道："这只鸟有自己的想法，不飞则已，一飞就冲上云霄；不叫则已，一叫就会让众人吃惊。"从此之后，齐威王重整旗鼓专心朝政，齐国日益强大起来。

五、七雄纷争引发的思考

（一）统一成为必然趋势

战国时期，诸侯割据纷争，但这其中又孕育着统一的必然趋势，民族融合的趋势大大加强。这主要是因为：第一，从经济条件来说，由于战国经历了春

秋时期以来生产力的大幅度提高，社会经济迅速发展，各地的经济联系在一定程度上加强，四方的物产都运到中原地区进行交换，这给统一提供了必要的经济基础。第二，人们渴望统一。农民厌恶割据和混战带来的负担和苦难；工商业者因混战割据限制其发展而要求统一；地主阶级希望建立一个强有力的中央集权的封建国家以保护封建地主经济的发展。统一成为全社会的共同愿望。第三，从民族关系来说，经过长期的民族交往和融合，华夏民族形成了一个相当巩固的民族，具有较强的凝聚力。第四，经过长期的争霸战争和兼并战争，大国吞并小国，弱肉强食，改变了大国之间的均势，诸侯国数目减少，并且形成了区域性的稳定和局部的统一，为大一统提供了条件。最终，秦国灭掉六国，完成了统一，结束了战国七雄的纷争。

（二）重视人才

战国七雄之中以齐、秦两国势力最为强盛，想必这其中最重要的原因就是齐、秦两国都重视求贤以振兴国家。

1. 齐国

齐国的兴盛在很大程度上取决于齐国统治者长期执行了正确的用人政策，齐

盛世与乱世

34

国自姜太公建国之初，就将"尊贤与用能"作为齐国用人之道，这在当时世卿世禄制占统治地位的情况下，具有非凡的意义。"尊贤与用能"极大地团结和利用了齐国土著及异姓贵族中的贤能之士，缓和了姜氏政权与土著及异姓贵族之间的激烈矛盾，这也是齐国能够在建国之初迅速稳定并最终成为大国的重要原因之一。更为重要的是，姜太公同时为后世姜氏君主树立了尊贤用能的榜样。春秋时期，齐桓公进一步发展了姜太公"尊贤与用能"的用人政策。当是之时，管仲与鲍叔牙都预感到齐国将大乱，于是他们各为其主，管仲随公子纠逃往鲁国，公子小白，也就是后来的齐桓公，在齐国周边伺机而动。随后齐国果然大乱，两位公子都想趁机回国夺取王位，但公子小白先行一步。管仲为使公子纠顺利即位亲率军队截击公子小白，当公子小白的车队走近的时候，管仲一箭便使公子小白倒地不动，管仲对公子小白的死信以为真，于是率军撤退。但公子小白其实并未中箭，他只是倒地装死罢了。面对当初差点杀害自己的仇人，齐桓公并未耿耿于怀，反而在鲍叔牙向自己推荐管仲时不计管仲当年一箭之前嫌，重用异国之臣管仲，并尊之为"仲父"，位在命卿国氏、高氏之上，权势仅次于自己。正是齐桓公这种"尊贤与用能"使得齐国最终能够成就霸业。

2. 秦国

秦国自秦襄公护送周平王有功建国后，国力一直未有提高，直至秦穆公即位后，他决心使秦国强大起来，于是寻求、招募天下贤能之士辅佐政事，以实现自己的远大志向。百里奚曾任虞国大夫，作为晋献公女儿的陪嫁入秦，后不甘耻辱，出走到楚。秦穆公听闻百里奚之贤，命人用五张羊皮将其请回国中，委以重任。由余是秦穆公称霸西戎的关键人物，此人乃是贤能之人，秦穆公利用离间计使其为秦国所用，在他的帮助下，秦国得到进一步发展。秦穆公在这些贤能之士的帮助下，终于实现了称霸西戎的雄心壮志，成为春秋五霸之一，为秦统一中国打下了坚实基础。秦孝公即位之后，商鞅离魏入秦，以"强国之

术"取得秦孝公的信任，两次变法使得秦国富强起来。秦惠王时期，魏国人张仪以"连横"的策略深得秦惠王宠信，秦惠王以客卿之礼相待，并委以重任。最终张仪"连横"的策略拆散了东方六国的"合纵"，六国势力遭到削弱，从而加速了秦国的统一步伐。

由此，我们不难看出，在战乱纷争的春秋战国时代，选贤是决定着一个国家强大与否的关键。战国时代的纷繁战乱以秦国的一统天下降下了帷幕，历史又将翻开崭新的一页。

七国之乱

汉朝的历史不是一帆风顺的，经历了西汉、东汉。汉景帝时代的七国之乱，对整个汉朝的格局产生了深远的影响。但七国之乱的产生也不是偶然的，它受汉朝初期的经济影响，可以说是汉高祖刘邦分封制度的缺憾，是吕后专政、文景帝改革的产物。而七国之乱的过程又是极其复杂的，同时在这个时期发生了许多沧桑分合的巨大历史变化，留下了无数令人扼腕叹息的故事。

一、七国之乱的根源

汉朝是中国历史上最伟大的一个朝代，而汉朝的历史也是当时世界上一段伟大的历史，随着汉高祖刘邦的建国至汉文帝、汉景帝的改革，汉朝的经济实力直线上升，成为当时东方第一帝国，与西罗马并称为两大帝国。中亚和西域各大国也都闻而惧之。而到了汉武帝时期，汉帝国已经成为世界上最强大的帝

国，匈奴帝国战败而向北逃遁。张骞出使西域首次开辟了著名的"丝绸之路"，开通了东西方贸易的通道，中国从此成为世界贸易的中心，正是因为汉朝的声威远播，外族开始称呼中国人为"汉人"，而汉朝人也乐于这样称呼自己，"汉"从此成为了伟大的中国华夏民族永远的名字。

但是汉朝的历史也不是一帆风顺的，在这样漫长的历史时空中，它经历了西汉、东汉。经历了王莽改制，经历了绿林赤眉起义。而汉景帝时代的七国之乱，可以说是整个汉朝统治集团经历

的最混乱的时代,而且它对整个汉朝的格局也产生了深远的影响。但七国之乱的产生也不是偶然的，它受汉朝初期的经济影响，可以说是汉高祖刘邦分封制度的缺憾，是吕后专政、文景帝改革的产物。而七国之乱的过程又是极其复杂的，同时在这个时期发生了许多沧桑分合的巨大历史变化，留下了无数令人扼腕叹息的故事。

盛世与乱世

（一）汉初的经济状况

天下分封诸侯，一代一代相传，对中央集权有很大的影响。当年西周分封诸侯，结果导致周王朝王室衰落，诸侯割据，混乱不已。

到了汉朝，王国势力逐渐强大，而这一局面是汉高祖刘邦时形成的。楚汉相争阶段，刘邦迫于形势，分封了异姓王。汉高祖五年（前202年）刘邦称帝

后，共封有异姓王七人。他认为秦祚短促是由于秦不分封子弟的缘故，所以在异姓王的故土分封自己的兄弟子侄九人为王，即同姓九王。并与群臣共立了"非刘姓不王"的誓约。

高祖刘邦平定天下以后，逐渐铲除异姓诸侯王。同时他"惩戒亡秦孤立之败"，又大封同姓子弟为王，用以屏藩朝廷。到公元前195年，刘姓诸王完全取代了原来异姓王的地位。高祖刘邦分封子弟造成郡国并立的政策是个时代的错误。从巩固刘家天下来看，虽然暂时收到效益，却种下了战乱的祸根。高祖死后，诸侯王国便一天天发展强大起来，成为中央政府的威胁。因而从刘邦之后的惠帝、吕后，历文、景之世，到武帝初年，都是中央集权与地方割据斗争的时代。

七国之乱虽然发生在汉高祖刘邦死后多年，但是，七国刘姓王的叛乱却是和汉初的政治经济政策分不开的，那么汉初时期，汉高祖刘邦都推行了哪些政策呢？

秦朝末年，由于长期战乱，人口下降。西汉初期人口总数据估算在1500万—1800万之间，此后由于奉行黄老之术、与民休息，以及汉武帝时期的领土扩张，人口数量大幅提升。根据《汉书》记载，公元2年西汉的户数约为1235万，人口数约为5767万。

由于中国历史早期农业发展集中在黄河流域，故西汉人口密度分布极不均匀。以淮河、秦岭为界，北方人口约占总人口的八成，南方人口不足两成。人口数超过500万的豫、冀、兖、青、徐五州均位于黄河中下游地带，这五州的人口总数占全国人口的55%。首都长安周围人口密度达每平方公里1000人左右。人口数量在200万以下的有交、凉、并、朔方四州。扬、荆、益三州的主要人口分布在成都平原、南阳盆地、太湖平原和宁绍平原。

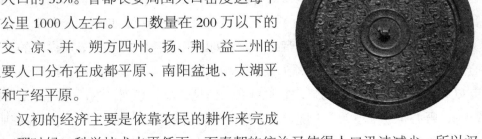

汉初的经济主要是依靠农民的耕作来完成的。那时候，科学技术水平低下，而秦朝的统治又使得人口迅速减少，所以汉初的时候，汉高祖采取了一系列措施，恢复农业发展，并下诏巩固农业在国家经济中的地位。

汉朝的土地所有制与秦朝相同，承认土地私有，可自由买卖。土地所有者须向国家交耕地税，耕地税率为亩产的十五分之一或三十分之一。人口税分为算赋和口赋。算赋是丁税，十五至五十六岁的男女每年每人纳一百二十钱（一算）。口赋是儿童税，七至十四岁的儿童每年每人纳二十钱。西汉早期奉行重农抑商政策，虽然恢复了农业生产，但经济势力仍然略显不足。文景时期，在晁错的建议下，改行"贵粟"政策，国家存粮进一步增多，经济实力大大加强。西汉早期奉行重农抑商政策，商人地位低下。文帝时期，在贵粟政策指引下，商人竞买爵位，扩大了贸易领域，促进了国家经济的飞速发展，同时商人的地位也有了一定幅度的提高。

西汉时期，全国已有数十个商业中心，如长安、洛阳、邯郸、江陵、吴、寿春、番禺、成都等。随着张骞出使西域后，丝绸之路成为当时世界上最重要的商路。到东汉时期，中原地区商道线路发达，各地货物往来更加频繁。伴随着商业的发展，一些经商哲学应运而生。

（二）刘邦的分封政策

汉初，汉高祖刘邦分封同姓为王，旨在以血缘关系作为政治支柱。高祖在世，由于刘氏诸王年轻，权力多由王国之相、太傅执掌，因而其弊病尚未显露。汉高祖错误地认为同姓王可以帮助他辅佐刘家天下，所以他就开始分封同姓王。吕后篡权后，刘姓王虽然减少了，但是吕氏家族被消灭，此后刘氏皇帝又开始大肆分封刘姓王了。到了汉文帝的时候，刘姓王已经有 20 多个，所占领的土地合起来占西汉土地的大半，领土最多的诸侯国有齐、楚、吴、荆、燕等地。刘邦以为同姓王都是子侄兄弟，非常可靠。但是他没有想到，这些人随着权力的增长，野心也逐渐增大了。随着社会经济的恢复和发展，诸王的权力日益膨胀，"跨州兼郡，连城数十，宫室百官，同治京师"。诸王掌握着封国内征收赋税、任免官吏、铸造钱币等政治、经济大权。形成了"尾大不掉"之势。这些诸侯王日益骄横，"出入拟于天子"，"不听天子诏"，甚至想举兵夺取皇位。

值得一提的是，当时的汉朝还时时受到匈奴的威胁，这种威胁从汉高祖刘邦时就已经开始了。公元前206年，汉朝初立，被刘邦徙至代地的韩王信同匈奴在马邑作战时失败投降，冒顿单于引兵进攻太原，包围了晋阳。气势正盛又大有流氓习气的汉高祖刘邦亲自带兵进击匈奴。此时正赶上大寒雨雪，冒顿单于假装兵败撤退，引诱汉兵追击。汉军一路势如破竹，只见匈奴都是老弱残兵，于是聚集三十二万大军乘胜冒进，刘邦自己亲率先头部队抵达平城，立马未稳，冒顿单于忽然率领埋伏等待的三十多万精锐骑兵把刘邦军队包围。堂堂大汉皇帝被围于白登七天七夜，缺水少粮，军士冻得瑟瑟发抖。四下望去，匈奴人马强悍，东西南北的战马都各分一色，铠甲鲜明，雄壮整齐。刘邦确实是个能使各种伎俩的奇才，情急之下，他走"枕边风"路线，派人给冒顿单于的夫人送去厚礼，单于夫人对冒顿单于说："两主不相困。今得汉地，单于终非能居之。且汉主有神，单于察之。"美人说话很管用，加上降将韩王信的兵马迟迟未到，冒顿单于就听从了夫人劝告，在包围圈中敞开一个通道，刘邦令军士引弓外向，解围而出，狼狈不堪地与后军相会。随后，双方罢兵，刘邦派宗室刘敬与匈奴结和亲之约，并嫁宗室女为单于侧室，约为兄弟以和亲。刘邦死后，倨傲的冒顿单于还给吕后写信，表示"你我都单身，不如配成一对大家同享欢乐"。吕后大怒，她有勇无谋的妹夫樊哙也扬言要"愿得十万众，横行匈奴间"，刘邦死前他在外打仗，被人告发要谋反，刘邦派人杀他，幸亏他是吕后妹夫，大臣们留了他一命。最终大臣季布解劝："高祖军队三十二万被围白登十日，当时樊哙任上将军就在附近不能解围，现在夸口领兵十万击匈奴简直就是欺君。夷狄（冒顿单于）就如禽兽，得其善言不足喜，恶言不足怒。"吕后闻言息怒，卑辞报书，晓之以理，双方又互换礼物和亲。

汉文帝之时，继续采用和亲政策。匈奴右贤王常率兵侵掠边塞，俘虏汉边境人民，气得文帝亲自带兵到太原征讨，恰巧国内济北王造反，不得已收兵。当时冒顿单于刚刚大破月氏国，对属下右贤王掠夺汉境之事假装不知道，又遣使来请求和亲，汉朝慑于其

势强，不得不答应，依常例送大批珍宝礼物过去。不久冒顿单于病死，其子稽粥继位，号老上单于。汉文帝又送宗室女去匈奴，让太监燕地人中行说作为陪同侍臣一起去。中行说不肯去，被汉廷强行派遣。怨恨之下，他到了匈奴就归降，并深受老上单于欢喜。中行说竭力劝说匈奴不要太看重汉朝衣服食物的精美，增加匈奴对自己食物、器械、风俗的自信心，还教给匈奴人记数方法，从此这些蛮族才知道算数。在中行说地鼓动下，老上单于在给汉帝回书中口气傲慢，对汉朝使臣也威逼利诱，动不动就索要钱物金银，不给就威胁秋熟后大发兵马入汉境虏掠。孝文帝十四年，匈奴举兵十四万入侵，杀死汉朝北地都尉，俘抢大量人畜。汉军赶到当地反击，人影都没有看见，结果无获而还。老上单于死后，其子军臣单于继位，也是时而和亲时而入侵，杀掠汉人很多。汉景帝继位后，情形还是如此，七国之乱时，匈奴还想与反叛诸侯王里应外合攻击汉朝。汉景帝平定七国之乱后，仍然延续和亲政策，继续与匈奴和亲，通关市，厚赐单于。所以终景帝之世，汉匈边境没有发生太大的战乱。

二、吕后专权

汉高祖刘邦于高祖十二年(前195年)四月病逝。五月，刘盈即位，是为汉惠帝。吕后被尊为太后。

吕后是一个权力欲极强的女人，汉高祖十二年时，她使用奸计将汉朝开国元勋韩信杀死于长乐宫钟室，还灭其三族。她看见儿子刘盈即位，觉得有机可乘，渐露专权野心。刘邦生前是个好色的皇帝，当时他有八个儿子：长子刘肥是惠帝的异母兄，被封为齐王，其余都是惠帝的弟弟，戚夫人的儿子刘如意被封为赵王，薄夫人的儿子刘恒被封为代王，其他妃嫔的儿子，刘恢被封为梁王，刘友被封为淮阳王，刘长被封为淮南王，刘建被封为燕王。在决定皇位继承人的时候，虽然吕后是太后，是刘邦的元配夫人，按道理说，太子非刘盈莫属，不过刘邦不太喜爱刘盈，说刘盈懦弱。刘邦特别喜欢宠妃戚夫人生的儿子如意，就有把刘盈废了立如意的意思，按史记记载是"如意类我"。不过立太子也不是小事，吕后暗中联络一群人，反对刘邦立如意为太子，刘邦一时也决定不下来。吕后没辙就找到自己的娘家哥吕台、吕产、吕泽他们商量怎么办。吕台、吕产、吕泽说："留侯张良，汉王对他是言听计从，可以找他想想办法。"吕后让吕泽找到张良。那时张良功成名就后，怕受到刘邦的猜忌，整天在家以修行为名行避祸之实，不问世事。吕泽求张良的时候，张良自然知道参与立太子的政治斗争的复杂性：如果支持了刘盈，以后若如意当了太子他没有好下场，如果支持如意，刘盈当了孝帝，估计吕后也饶不了他，就想要滑头"这是你们家事，我不好说什么"。吕泽逼着张良表态，张良没有办法就说："我知道有四个贤人，高祖请他们来当官，他们都不干，你如果能请到这四个人来做太子的老师，估计这事就成了。"吕后是聪明人，一听就明白，马上以太后的名义，让人去请，最后还真把这四个人请来了。一天刘邦看到这四个人在刘盈处高谈阔论，很吃惊。四位贤人说："太子仁德，天下人都想归附他。"当时这么说他，

就是想让刘邦不要废他。到最后戚夫人又在枕头边和刘邦吹风立如意为太子时，刘邦说了："羽翼已成，急难去矣。"这才稳住了刘盈的太子地位。

吕后为了排除以后专权的障碍，设计毒死赵王如意，还将刘邦的爱姬——戚夫人的手脚砍断，耳朵熏聋，眼睛挖掉，喉咙弄哑，让她住在厕所里，称之为"人彘"，还故意叫惠帝去看，以扬其威。惠帝看了"人彘"后，害怕其母的残酷，于是日夜沉湎于酒色之中，不理政事。

惠帝七年（前188年），刘盈在未央宫去世。由于当时惠帝与张皇后没有孩子，于是取后宫美人之子作为惠帝之子，立为太子。惠帝死后，太子即位，史称少帝。吕后借口少帝年幼，无力执政，便亲自临朝称制，代行皇帝权力，扰乱汉室。

第二年，即高后元年（前187年），吕后想立吕姓为王，丞相王陵等大臣和刘姓王侯表示强烈反对。吕后勃然大怒，于是剥夺了丞相王陵的大权，以亲信审食其为左丞相，控制汉朝政权。之后，又开始迫害、消灭刘姓诸王。清除刘姓势力后，吕后违背刘邦与群臣立下的"不是刘姓而称王，天下共击之"的盟约，大肆分封吕姓为王。吕后又立自己女儿鲁元公主生的女儿（也就是外孙女）为自己儿子惠帝之后。对惠帝来说，他娶的是自己胞姐的女儿，也就是外甥女。吕后意欲由吕氏一族掌握政权，因此在妇道人家的想法下，企图从"亲上加亲"的方式着手。但世间事不如意者十之八九，惠帝之后迟迟未有喜讯。鲁元公主和吕后都为此焦急万分，四处求神问卜，也让她服用各种药物，还是没有效果。吕氏后裔的繁荣与皇统息息相关。吕后无论如何都想有由自己操纵的皇太子。于是她命令皇后："你用个东西绑在肚子上，开始伪装怀孕吧！"

刚好这时有一名与吕氏有亲戚关系、过去在宫内服务、目前回到乡下娘家待产的有孕妇人。吕太后把这名妇人藏到某处，待其产下男婴，立刻宣布了皇后弄璋之喜的讯息。为了守住这个秘密，吕后把这名婴孩的母亲杀害了。虽然这样，吕后还是觉得不安。只有一个皇嗣，万一发生不测，怎能使她放心。皇嗣应该多多益善。惠帝过的是纵欲生活，却未曾听到后宫佳丽有人怀孕之事。吕太后于是将吕氏族亲中，凡有男婴诞生就一律佯称为因受惠帝宠爱而生，并且接到宫廷内养育。除了皇太子以外，因这种方式而被视为皇子的，共有五人。

这五人全被封为王侯,即:淮阳王刘强、常山王刘不疑、襄城侯刘山、轵侯刘朝、壶关侯刘武。虽然这几个人都称刘姓,实际上他们没有一个是惠帝真正的儿子。吕氏一门的这几个人,是皇太子有不测时的候补人员,换句话说,就是备用的傀儡。

刘邦有八个儿子。正室吕后生的惠帝是老二。在这之前,一名侧室先生下了长子,这名长子名叫刘肥,被立为齐王。惠帝即位第二年,齐王肥入朝。

虽然齐王是兄长,但由于弟弟是天子,所以非执臣下之礼不可,而心地淳朴的惠帝却依家族礼数,让兄长齐王就上座,设宴款待。吕太后见状后勃然大怒。这位老太婆震怒的后果是何等可怕,这一点可以由不久前的“人彘”事件证明。她把掺有鸩毒的酒放到齐王面前,说了一句:“请喝吧!”齐王不经意地伸手要端起这只酒杯,但另外一只手比他先伸到这只酒杯来,这个人就是坐在齐王旁边的惠帝。惠帝由于看过人彘,知道母后是什么事情都做得出来的人。因此,当看到吕太后把酒杯放到齐王面前劝饮时,立刻察觉到母后的意思。于是他立即伸手抓杯,为的是要救兄长一命。齐王对惠帝的举动颇为费解。向来静如处子的惠帝会伸手抢夺别人的酒杯,真是匪夷所思。这一瞬间,吕后的一只手伸向惠帝,强拉他的衣袖。酒杯因而从惠帝手中掉落,酒浆倒在地板上。“噢!原来是……”齐王这才恍然大悟,脸色霍然变青,他险些遇害了!齐王因惠帝的搭救而幸免于难,但吕太后绝不会就此罢休。齐王佯装酒醉,总算躲过了这个宴会。但回到下榻处,想到今后的事情就一筹莫展,只是叹息而已。“依臣之见……”此时,一名智臣对齐王献策说:“太后对她的女儿鲁元公主格外疼爱,公主的相公张敖只是拥有数城的宣平侯而已,而大王则领有七十余座城池。为求活命,于今之计,唯有割地一法可以考虑。大王不如将领地中的一郡献给太后,请她转赐鲁元公主作为礼物,以此取悦太后。大王意下如何?”齐王于是献上城阳郡。吕太后果然大悦,择日莅临齐王府邸,举行盛宴,齐王也因而得以平安归国。

惠帝不但性格软弱,身体也非常羸弱。这样的人经常沉湎于酒色,健康情形恶化是不言而喻的事,他在位七年就去世了。吕后为他行哭礼,眼眶里却没有一滴眼泪。实际

上，太后并不是不悲伤，骨肉至亲的儿子死了不悲伤，天下绝没有这种事情的。太后的情形是来不及悲伤，因为她的恐惧心理比悲伤还要强许多。天子崩殂而新帝年幼——在这个情形下，大臣采取专横态度压抑太后，不是不可能发生的事情。想到这一点，太后还有时间悲伤吗？丞相陈平任命吕台、吕产、吕禄这班吕氏族中的台面上人物为将军，让他们握有兵权，此外再起用其余吕氏家族人物担任政务，如此一来，太后因无后顾之忧，这才露出悲伤神色来。人心里

有所恐惧时，不会有喜怒哀乐的情绪反应。而在恐惧感驱使之下的人，会狗急跳墙地做出什么事，往往令人想象不到——尤其是生性残忍至极的吕太后，光凭想象就足以令人毛骨悚然。

成为将军的吕台是吕后长兄的儿子，吕产则为其弟。吕禄是吕后次兄的儿子。也就是说，这些人都是吕后的侄儿。军队归自己族人统率，这一点使吕后大为安心。吕氏族人一时极为飞黄腾达。吕台后来被立为吕王。刘氏以外而获有王位的人，原来只有一个长沙王吴臣，而现在又诞生了吕氏之王。因献上城阳郡而保住一命的齐王，其子刘章娶吕禄的女儿为妻。这一点证明，虽然贵为王者之刘氏，倘若不与吕氏攀上姻亲关系，也难保地位的稳固。樊哙之妻是吕太后的妹妹吕须，她被封为临光侯。女性封侯，此例在中国为首见。

幼帝不知从哪里知道自己的母亲被吕后所杀，口无遮拦的小孩竟然把这件事情说了出来："太后杀了朕的母亲。对朕而言，太后就是母亲的仇人。朕因尚年幼，所以现在还奈何不了她，但长大以后，朕一定要报这个仇的！"听到有人报告这件事后，吕后撂下狠话道："说什么大话！我捡来当上皇帝的小鬼胆敢说这种话，简直是忘恩负义！你有本事尽管来报仇啊！"她遂把幼帝幽禁于永巷，不准任何人接近，表面上，她宣布皇帝龙体欠安。不久后，吕太后召集群臣商议："皇帝不但病重，精神状态也不正常，连宗庙祀事都无法参加。这样的天子已经丧失天子资格，看样子非更换不可。各位大臣意下如何？"这哪里算是商讨，实质上无异于命令。群臣中当然无人敢表示反对。吕后索性把幼帝杀掉，以免引起后患。她不愁没有补缺用的傀儡皇帝。五名候补皇帝中，常山王刘不疑已死，于是将襄城侯刘山改名为刘义，立为常山王。现在，再将常山王

盛世与乱世

刘义改名为弘，奉为皇帝。实际上这样的皇帝根本是个傀儡，这一点毋庸赘述。

　　被封为吕王的吕台死后，继位的吕嘉由于行为骄横，因而被废，改由吕台之弟吕产为吕王。他们虽然是吕氏族人，但是不合吕太后之意者照样被剥夺王位，由此可见吕太后君临天下的野心。与刘邦共同纵横战场、经营天下的功臣，大半已于刘邦在世时被诛，剩余的人不是病故就是年迈，根本无力牵制吕太后，这也是她如此跋扈的一个原因。相国萧何于惠帝二年死，其继任者曹参在职三年后去世。这同样是惠帝在位期间的事。这两个人都是沛县出身，刘邦起义时，萧何是衙门书记，曹参则为监狱看守。当时为亭长的刘邦，算来和他们是同僚。实际上，萧何曾帮过刘邦不少忙。

　　吕后分封吕姓为王，破坏了汉朝的根本体制，侵害了功臣集团的利益，也埋下了以后内讧的种子。吕后死后就爆发了诸吕叛乱的战争。

三、文景之治

西汉初年，经济萧条，到处都是一片荒凉的景象。汉高祖及其后的汉文帝、汉景帝等，吸取秦灭的教训，减轻农民的徭役和劳役等负担，注重发展农业生产。文景时期，提倡节俭，重视"以德化民"，社会比较安定，经济得到发展。

历来被视为封建社会的"盛世"，史称"文景之治"。

在文景之治中，最为重要的两个人就是文帝和景帝，也就是因为他俩的改革而使得七国之乱有了物质上的基础。

（一）文帝的改革

汉文帝刘恒（前203—前157年），汉高祖刘邦之子，母为薄姬。高帝十一年（前196年）受封为代王。公元前180年吕后死，诸吕作乱，丞相陈平、太尉周勃与朱虚侯刘章等宗室大臣共诛诸吕，迎立刘恒为帝，在位二十三年。西汉王朝建立后，汉高祖、惠帝、吕后都着力于恢复农业生产，稳定封建统治秩序，收到了显著的成效。文景两帝相继即位后，又在这基础上进一步采取了轻徭薄赋、与民休息的措施。

（二）景帝的政革

汉文帝十分重视农业生产，他即位后多次下诏劝课农桑，按户口比例设置三老、孝悌、力田若干员，经常给予他们赏赐，以鼓励农民发展生产。同时还注意减轻人民负担，文帝二年（前178年）和十二年，曾两次"除田租税之半"，即租率减为三十税一，十三年还全部免去田租。此后，三十税一遂成为汉代定制。文帝时，算赋也由每人每年一百二十钱减至四十钱，徭役则减至每三年服役一次。景帝二年（前155年），又把秦时十七岁缚籍给公家徭役的制度改为二十岁始缚，而著于汉律的缚籍年龄则为二十三岁。文帝还下诏"弛山泽之禁"，即开放原来归国家所有的山林川泽，从而促进了农民的副业生产和与国计民生有重大关系的盐铁生产的发展。文帝十二年又废除了过关用传制度，这有利于商品流通和各地区间的经济联系，对农业生产的发展也有一定的促进作用。

汉文帝对秦代以来的刑法也作了重大改革。秦代大多数罪人，即被判处为隶臣妾以及比隶臣妾更重的罪人，都没有刑期，终生服劳役。文帝诏令朝廷重新制定法律，根据犯罪情节轻重，规定服刑期限，罪人服刑期满，免为庶人。秦代法律规定，罪人的父母、兄弟、姊妹、妻子和子女都要连坐，重的处死，轻的没入为官奴婢，称为"收孥相坐律令"。文帝明令废止。秦代有黥、劓、刖、宫四种肉刑。汉文帝下诏废除黥、劓、刖等刑罚，改用笞刑代替，景帝又减轻了笞刑。改革的后两项在当时和以后虽没有被认真执行，但文帝时许多官吏能够断狱从轻，持政务在宽厚，不事苛求，因此狱事简省，人民所受的压迫比秦时明显减轻了。

文景两代对周边少数民族也不轻易发兵，尽力维持相安的关系。吕后时，南越王赵佗自立为帝，役属闽越、西瓯、骆，又乘黄屋左纛，与汉王朝分庭抗礼。文帝即位后，为赵佗修葺祖坟，尊宠赵氏昆弟，并派陆贾再度出使南越，赐书赵佗，于是赵佗去黄屋左纛，归附汉王朝。文帝后元二年（前162年），又与匈奴定和亲之约，此后匈奴虽背约屡犯边境，但文帝只是诏令边郡严加备守，并不兴兵出击，以免烦扰百姓。

文景之治之所以成为封建社会的盛世，与文帝个人的励精图治是分不开的。他即位不久，就废止诽谤妖言之罪，使臣下能大胆地提出不同的意见。秦代以来有所谓的"秘祝"之官，即凡有灾祥就移过于臣下。文帝十三年下诏废除并且声明：百官的错误和罪过，皇帝要负责。次年，他又禁止祠官为他祝福。文帝自奉也相当节俭，他在位二十三年中，宫室苑囿、车骑服御之物都没有增添。他屡次下诏禁止郡国贡献奇珍异物。他所宠爱的慎夫人衣不曳地，帷帐不施文绣。文帝曾想建造一座露台，听说要花费百金，而这些花费等于中人十家之产，于是作罢。因为文帝提倡俭约，所以当时国家的财政开

支有所节制和缩减，贵族官僚也不敢滥事搜刮、奢侈无度，从而减轻了人民的负担，这是"休养生息"政策的重要内容之一。

文景两代采取了上述一系列措施，使当时社会经济获得显著的发展，封建统治秩序也日臻巩固。西汉初年，大侯封国不过万户，小的也只有五六百户；到了文景之世，流民还归田园，户口迅速繁衍。列侯封国大者至三四万户，小的也户口倍增，而且比过去殷实得多。农业的发展使粮价大大降低，文帝初年，粟每石为十余钱至数十钱。据《汉书·食货志》记载，汉初至武帝即位的七十年间，由于国内政治安定，只要不遇水旱之灾，百姓总是家给人足，郡国的仓廪堆满了粮食。太仓里的粮食由于陈陈相因，致使腐烂不可食，政府的库房有大量余财，京师的钱财有千百万，连串钱的绳子都朽断了。这是史书上对文景之治十分形象的描述。

但是，文景时期"与民休息"政策的目的是为了稳定和加强对农民的控制，进一步巩固封建统治，一些看来对农民有利的措施，实则对地主、商人更为有利。例如，文景减免田赋，地主获利最大；入粟拜爵，也有助于商人政治地位的提高。同时，文帝为求得政治上的安定，对同姓诸侯王的权势虽有所限制，但未能采取果断措施消除其动乱隐患。景帝三年（前154年）吴楚七国合谋叛乱，与此当有一定的关系。

四、叛乱的经过

七国之乱是强大的王国势力与专制皇权发生矛盾造成的。诸吕当权以及汉文帝刘恒继统等政治事件，也在一定程度上加剧了这一矛盾。

（一）七国之乱的导火线——晁错的《削藩策》

高祖死后，当权的吕后违背誓约，立诸吕为王。吕后对受封为王的高祖诸子，控制很严，有些国王甚至被摧残致死。吕后专权以及分封诸吕为王，激起了刘姓诸王的强烈反对，王国势力与专制皇权的矛盾，以刘姓诸王与拥刘大臣团结反吕的形式表现出来。吕后死后，诸吕聚兵准备发动政变。当时齐王肥的儿子朱虚侯刘章、东牟侯刘兴居宿卫长安。他们暗约其兄齐王将闾领兵入关，共灭诸吕，由将闾继承帝位。刘将闾应约起兵，长安方面派遣大将军灌婴出击。灌婴屯兵荥阳，与刘将闾相约连和，待机共伐诸吕。这时，刘章在长安与太尉周勃、丞相陈平等协力消灭了诸吕势力。群臣认为代王恒外家薄氏比较可靠，估计不会出现类似诸吕弄权的严重问题。于是舍齐王将闾而立代王恒为帝，即汉文帝。

文帝以高祖庶子继统，地位本来不很巩固。汉初所封诸侯王，到这时都经历了两三代的更迭，与文帝的血统关系逐渐疏远，政治上已不那么可靠。文帝为了加强自己的地位，采取了一些重要措施。其一是使列侯一概就国，功臣如绛侯周勃也不例外，目的是便于文帝控制首都局势，避免掣肘。其二是封诸皇子为王，皇子武是景帝的同母弟，先封为代王，于梁王揖死后徙封梁王。梁国是拥有四十余城的大国，地理上居于牵制东方诸国、屏蔽朝廷的关键位置。其三是采用贾谊提出的"众建诸侯而少

其力"的策略，把一些举足轻重的大国析为几个小国，例如析齐国为齐、城阳、济北、济南、淄川、胶西、胶东七国，以已故的齐王肥的诸子为王。这样，齐国旧地虽仍在齐王肥诸子之手，但是每个王国的统治地域和力量都缩小了，而且难于一致行动。此外，袁盎、晁错针对淮南王长的骄横不法，都提出过削藩建议，文帝碍于形势，没有实行。

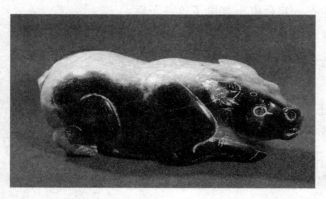

文帝时一再发生王国叛乱。原来，朱虚侯刘章和东牟侯刘兴居虽有反吕之功，但他们曾有拥戴齐王将闾为帝的打算，所以文帝没有将大国封赏给他们，只是让他们各自分割齐国一郡，受封为城阳王和济北王。城阳王章不久死去。济北王兴居于文帝三年（前177年）乘文帝亲自出击匈奴之际，发兵叛乱，袭击荥阳，结果事败自杀，济北国除。文帝六年淮南王长谋反，被废徙蜀，死于道中。这些事件预示着王国与中央政权的矛盾正在加深，是更大的叛乱的先兆。所以贾谊在上汉文帝的《治安策》中慨叹说："今或亲弟谋为东帝（指淮南王长谋反），亲兄之子西乡（向）而击（指济北王兴居拟袭荥阳），今吴又见告矣。"

高祖在世时，由于刘氏诸王年轻，权力多由王国之相、太傅执掌，其弊病尚未显露。随着社会经济的恢复和发展，诸王的权力日益膨胀，"跨周兼郡，连城数十，宫室百官，同治京师"。诸王掌握着封国内征收赋税、任免官吏、铸造钱币等政治、经济大权。形成了"尾大不掉"之势。这些诸侯王日益骄横，"出入拟于天子""不听天子诏"，甚至想举兵夺取皇位。文帝继位的第三年，即公元前177年，济北王兴居乘文帝去太原抗击匈奴之机，发动武装叛乱，这件事情成为了王国武装反抗中央的开端。三年之后，淮南王长又步济北王兴居后尘。这两处叛乱虽然都被消灭，但拥有53城的吴王濞又露出不臣的形迹。可见，此时统治阶级内部争权夺利的斗争是非常尖锐的。

面对中央集权和地方割据势力之间的矛盾，许多官吏都感到事态的严重性，寻求解决矛盾的方法。当时，梁王太傅贾谊给文帝上了有名的《治安策》，认为

盛世与乱世

当时的形势有"可为痛哭者一"，便是诸侯王强大难治。对此他感到痛心疾首，提出了"众建诸侯而少其力"的主张。文帝按照这个建议把一些王国分小，又把自己的儿子封在梁国，作为屏障。景帝时，吴王刘濞叛乱的形迹更加明显。御史大夫晁错认为吴王不改过自新，"乃益骄恣，即山铸钱，煮海为盐，诱天下亡人，谋作乱。今削之亦反，不削之亦反。削之，其反亟，祸小；不削，反迟，祸大"。建议景帝削夺诸侯王的封地。景帝采取了晁错"削藩"的建议，开始削夺王国的一部分土地，划归中央直接管辖，吴楚等七国遂于景帝前元三年（前154年）举兵叛乱。晁错的"削藩"政策激起了各刘姓王族的反对，他们也借机举兵造反，想一举夺下文帝的政权。于是，七国之乱真正开始了。

（二）　"诛晁错，清君侧"

在削藩问题上，汉廷内部其实并没有达成一致的策略。当晁错推出关于诸侯王的三十条法令的时候，大将军窦婴与他发生争执，因为窦婴代表的是外戚的力量；自然，诸侯王也不会说晁错的好话。晁错在朝中还得罪了不少人，比如汉文帝时的重臣袁盎、丞相申屠嘉。申屠嘉因为嫉妒景帝对晁错的宠幸，加上性格不合，一直不喜欢晁错。晁错任左内史在内史府办公的时候，因为拜见皇帝不太方便，在南边开了个门，而这个门正好开在了刘邦的父亲太上皇庙的外墙上，这在当时是大不敬之罪。申屠嘉决定第二天向景帝奏明之后办晁错的罪，告他毁坏太庙。没想到消息走漏，晁错连夜进宫向景帝说明情况。第二天申屠嘉来的时候，景帝答复说："晁错凿的只是外墙，而且是他同意的。"申屠嘉碰了一鼻子灰后很是恼火，后悔自己没有行使丞相的权力对晁错先斩后奏。最后因为此事，申屠嘉被气得呕血而死。申屠嘉是刘邦时的开国功臣，这样一来，晁错算是把功臣元老给得罪了。

据史书记载，当景帝召

集大家一起商议削藩的时候，群臣"莫敢言，独窦婴争之"。这暗示削藩令多少有些强行通过的意味。外戚的势力、功臣的势力、老臣的势力，还有诸侯国的势力，晁错都还没有处理好就急着推行削藩法令，这会导致什么样的后果？晁错的父亲知道后来见他，对晁错说："皇上刚刚即位，你就建议削减诸侯王的土地，让他们骨肉分开。现在很多人对你有意见，你知道为什么吗？"晁错回答

说："那是肯定的！但要不是这样，'天子不尊，宗庙不安'。"晁错的父亲说："刘氏是安宁了，但晁氏从此危险了！"最后，晁父饮毒酒而死。他在死前说："我不忍心看到灾难降临到我的头上！"死后十多天，果然发生了"七国之乱"，吴王濞东向称帝，与汉景帝分庭抗礼。

七国大兵压境，并没有让汉景帝惊慌失措。当年，汉文帝临终前曾经对景帝说："即有缓急，周亚夫其可任将兵。"汉景帝于是任命周亚夫率军出击吴楚，任命窦婴为大将军。诸侯国也打出"诛晁错，清君侧"的旗号，其实也没有影响汉景帝对晁错的信任。但这时，晁错提出让汉景帝御驾亲征，亲自上阵平定"七国之乱"。这个建议显然很不合时宜，让皇帝御驾亲征，晁错自己却在后方留守，这让从小在和平环境中长大的汉景帝多少有些不满，甚至觉得晁错并不是十分忠于自己。正在这时，窦婴引袁盎进见，事情因此走向了相反的方向。

此前，晁错已经开始调查袁盎接受吴王财礼的事，并将袁盎贬为平民。"七国之乱"爆发后，晁错就对有关官吏说："袁盎其实已经知道吴国叛乱的事情，只是拿了他们的钱财隐匿不报。"故要求追究袁盎的责任。这个意见看来并不高明。御史府的有关官吏认为：如果叛乱没有发生，惩治袁盎可能会让吴王灭了反叛之心；现在叛乱已经发生，杀了袁盎又有什么用？

晁错为此犹豫不决。这时有人向袁盎通风报信，袁盎赶紧连夜去见窦婴，请窦婴帮他引见汉景帝。

这时，汉景帝和晁错正在商议给前线部队调集粮草的事。因为袁盎曾经做过吴国的相国，汉景帝先问袁盎是否了解吴国叛军的大将田禄伯。袁盎认为：吴王所任用的不过是无赖，因此对吴楚七国叛乱并不十分忧虑（这时在一旁的

晁错还赞扬袁盎的意见很对）。汉景帝宽心之后，自然而然会问："你有什么办法？"这时，袁盎要汉景帝屏退左右。汉景帝于是让左右回避，只留下了晁错。袁盎说他所说的话，人臣不得知道。汉景帝于是让晁错先回避，晁错愤愤离开，去了东厢房。袁盎认为：吴王、楚王叛乱的目的，不过是想要回当年高祖分封的土地；现在只要杀掉晁错，退还七国的土地，并派人去七国赦免他们的罪行，七国便会罢兵。汉景帝沉默良久，说了一句："也只能这样了，我不能为了爱一个人而得罪全天下人。"袁盎一看计谋得逞，摆出一副高姿态："我能想到的计策就是这个，请皇上自己决断吧。"汉景帝就让袁盎秘密准备出使七国。

后庭谋划停当的十多天后，丞相、中尉和廷尉联名上折弹劾晁错，认为他离间了皇上和君臣的关系，大逆不道，应当处斩，而且晁错的父母妻子等同族人也应当同罪。汉景帝在奏折上批示"可"。在晁错不知情的情况下，汉景帝派车去接晁错，故意经过繁华地带，晁错还穿着上朝的衣服，在东市被斩。历史无情地证明了先行服毒死去的晁错父亲的预言。

袁盎后来虽然出使了七国，但吴王刘濞根本不听他的，还称东帝，与汉景帝势不两立。袁盎在吴国被扣留，要不是旧人相救，差点连命都丢了，最后狼狈逃回汉朝领地。

汉景帝后来还专门咨询了从前线回来的校尉邓公："在听到晁错处死之后，吴楚有没有停战？"邓公回答说："吴国想造反，其实已经准备了几十年，诛晁错只不过是一个借口而已。晁错担心诸侯强大朝廷难以驾驭，于是想到削藩巩固中央政府，这是造福汉朝子孙后代、功在千秋的事情，没想到计划刚刚开始，他就被害。这样一来，既堵住了朝廷里忠臣进谏的心思，还给诸侯报了仇，实在不高明。"汉景帝听完，喟然长叹说："你说得很对。我自己也十分悔恨！"一个刚直耿介的大臣，一个优柔寡断的君王，终于酿成了晁错的悲剧。

（三）野心勃勃的"东帝"刘濞

吴王刘濞是这次叛乱的主谋和首领。他倚仗吴国制铜、铸钱、煮盐等优越的条件，早已蓄谋夺取王位。

景帝接受晁错所上《削藩策》，下诏削赵王

遂常山郡，胶西王昂六县，楚王戊东海郡；景帝三年，又削吴王濞会稽等郡。削藩之举激起了诸王的强烈反对。吴王濞首先与齐王肥诸子中最强大的胶西王昂联络，约定反汉事宜，并以"诛晁错，清君侧"为号召，共同起兵。吴王刘濞把封地内 14 岁到 62 岁的男子二十余万人编成军队，亲自率领，从广陵（今江苏扬州）起兵北上。他自恃兵强马壮，军粮充足，宣称："敝国虽狭，地方三千里；人民虽少，精兵可具五十万……吴国虽贫，寡人节衣食用，积金钱，修兵革，聚粮食，夜以继日，三十余年矣。凡皆为此。"说明他发动叛乱，蓄谋已久。吴楚七国之乱爆发后，景帝派太尉周亚夫等率大军反击，同时又杀掉晁错，命袁盎为太常去吴国劝刘濞退兵。但刘濞不仅不退兵，反而扬言道："我已为东帝。"于是景帝决心讨伐叛乱。

吴王濞起兵广陵（今江苏扬州）时，有部众二十余万，还兼领楚国兵。他置粮仓于淮南的东阳，并派遣间谍和游军深入崤渑地区活动。吴楚军渡过淮水，向西进攻，是叛乱的主力。胶西等国叛军共攻齐王将闾据守的临淄，赵国则约匈奴联兵犯汉。景帝派太尉周亚夫率三十六员将军攻击吴楚，派郦寄击赵，栾布击齐地诸叛国，并以大将军窦婴驻屯荥阳，监齐、赵兵。

刘濞(前 215—前 154 年)，沛县人，汉高祖刘邦的侄子，刘仲的长子，刘邦封其为吴王。传说刘邦封吴王的时候还有一段有趣的故事。

汉朝建立后，刘邦把那个很会种地的二哥封为了代国的国王。而他的二哥擅长种地，当王就不行了，匈奴一进攻，他就落荒而逃。于是，他被废除掉国王的封号，去当了侯爵。

谁知道，四年后，这个刘老二的儿子刘濞，因为平定淮南王英布叛乱有功，被皇帝封为吴王。封王的时候，刘邦酒喝得很多，在他清醒后，看见自己这个二十岁的侄子面带反相，很是狂傲不逊，他对这个封王的决定感觉到后悔。但是，天子无戏言，一言出既出，不能反悔。于是，在封王的仪式后，刘邦找到这个侄子，对他说：

"濞儿啊，昨天叔父我夜游天宫，天帝对我说，五十年后，汉朝东南的吴国会造反，不知道天帝会不会是跟叔父开玩笑呢？东南正是你吴国的封地啊，你可不能谋反啊！"

刘濞一听，吓得汗如雨下，当即跪倒在地，叩头如捣蒜：

"万岁，臣绝对万死也不敢反汉。如有违背，天打五雷轰。"刘濞吓得说话都没有了前言后语，刘邦听后也稍稍放宽了心，毕竟能让刘邦信任的也只有他的这些刘姓亲戚了。

当年刘邦还乡，唱《大风歌》有"安得猛士兮守四方"之叹。事实上，不是缺少猛士，而是缺少值得刘邦信赖的猛士。长江下游即吴，或称东楚，为"四方"之一，原来的荆王刘贾被杀，派谁人镇守，刘邦颇费心思。天下猛士如云，但异姓猛士不可信，可信的是皇子，但诸皇子年幼，"上患吴，会稽轻悍"，顾虑那里的地方势力不好对付，亲生的儿子不可涉险，于是便选中了"年二十，有气力"的侄儿刘濞。"用人不疑，疑人不用"乃用人之道，问题是刘邦在无奈之下任用了刘濞，却又怀疑刘濞。

刘濞虽然是二十多岁的年轻国王，但他很善于利用国家的资源优势。在汉朝刚刚建立还很贫困的时候，吴国就率先经营国营企业，在用海水煮盐、铜矿冶炼铜钱方面，吴国领先于其他封国。后来，在会稽山又发现了大型的铁矿。于是，吴国的财政之富裕，无与伦比。接着，这个王国就免除了全体百姓的赋税，赋税没有了，民间积累的财富就更加可观了。刘濞治吴四十余年，应当说，他是日后长江三角洲走向繁荣的奠基者之一。吴国的疆域是"王三郡五十三城"，三郡，即指汉初的东阳郡、吴郡与鄣郡。《汉书·地理志》所列七十五郡无此三郡名称，出现会稽郡、豫章郡、丹阳郡，系因西汉不同历史阶段有不同的行政区域的缘故。西汉时代广陵城处于三郡中心地带，被定为吴国之都，是王府所在。刘濞治吴的功绩一方面是为朝廷守边，安定地方，相安无事，另一方面则是发展经济。刘濞等人使当时地广人稀的长江三角洲逐渐人烟稠密。《史记》中说当时的吴国"国用富

（右侧竖排）七国之乱

饶”，即财源充沛；"能使其众"，即获得百姓拥戴。刘濞之功，史有共识。至于广陵，逐渐成为繁荣富庶的大城，而且这里交通便利，四方商贾云集，这些也应归功于刘濞。所有这些都说明刘濞是治理地方、改善民生之能手。

吴国人从古至今都以骄纵闻名。这个吴国的太子自然就是吴国最骄纵的人之一了。而文帝居然想起用这个骄纵的吴国太子进京陪皇太子读书。虽然都是太子，但王太子只是臣子，而皇太子却是君主。那骄纵成性的吴国王太子怎么可以忍受这样的奴仆生活呢？

刘濞的儿子在首都陪皇太子下棋，由于在下棋的过程中两人产生了争执，皇太子一怒之下拿起棋盘把刘濞的儿子硬是给砸死了。按理说，作为文帝，处理此事时应当慎重一些。毕竟砸死的不是一般的人，应该厚礼安葬才是。可是文帝竟然要求把刘濞的儿子送到吴国安葬。当遗体送到吴国的时候，刘濞很是气愤。一气之下，刘濞又把其子的遗体送到长安去了，要求在那里安葬。之后，吴王刘濞由于怨恨便称病不再去长安拜见皇帝了。当然，这种事情发展下去势必会导致刘濞与中央产生一些隔阂。

回顾吴王刘濞的一生，从二十岁时随刘邦打败英布到由于功劳被立为吴王，从勤恳治国到得到吴国百姓拥护爱戴，从儿子被杀到对朝廷产生怨恨，从起兵反叛到最后被朝廷杀害，他的人生曲线向人们展示了一个英明的封国之君是如何一步一步走向反叛的深渊的。尽管刘濞最终的下场是反叛失败，但是他的治国方略与对待百姓的态度则值得人们称颂。

（三）太尉周亚夫

周亚夫(? —前143年)，沛县(今江苏沛县)人，西汉著名军事家。

周亚夫为汉初大将周勃次子，袭父爵为绛侯。起初做河内郡守时，许负曾给他看相，说他"三年后为侯，封侯八年为丞相，掌握国家大权，位尊任重，在众臣中将首屈一指，再过九年会饿死"。周亚夫笑着说："我的哥哥已代父为侯，如若他去世，他的儿子理应承袭爵位，我周亚夫怎能封侯呢？再说若我已显贵到如你所说的那样，怎么会饿死呢？你来解释解释！"许负指着他的嘴说："你嘴边有条竖线，纹理入口，这就是饿死之相。"过了三年，周亚夫的哥哥绛侯周胜之犯了罪，文帝选周勃子孙中有贤德的人为侯，大家都推举周亚夫，于是封周亚夫为条侯，继承绛侯爵位。

汉文帝六年(前158年)，匈奴大举入侵边关，文帝命宗正刘礼为将军，屯军霸上；祝兹侯徐厉为将军，驻军棘门；河内郡守周亚夫为将军，驻守细柳(今陕西咸阳西南)。三军警备，以防匈奴入侵。

文帝亲自去慰劳军队，到了霸上和棘门，军营都可直接驱车而入，将军和他下面的官兵骑马迎进送出。接着去细柳军营，营中将士各个披坚持锐，刀出鞘，弓上弦，拉满弓，呈战备状态。文帝的先导驱车至军营门前，不得入。先导说："天子就要到了！"守卫军门的都尉说："将军有令：军中只听将军命令，不听天子的诏令。"等了不一会儿，文帝到了，又不得入营。于是文帝派使者手持符节诏告将军："我要入军营慰劳军队。"周亚夫才传令打开营门。营门的守卫士兵对皇帝随从人员交代说："将军规定：军营中不准车马奔驰。"于是文帝的车便控着缰绳，慢慢地走。到了营中，将军周亚夫手持兵器向文帝拱手说："身着铠甲的将士不行拜跪礼，请允许我以军礼参见。"天子深受感动，靠在车前横木上向军队敬礼。劳军仪式结束后，出了营门，群臣都非常惊讶。文帝称赞道："这才是真正的将军呢！以前经过霸上和棘门的军队，好像小孩子做游戏。那里的将军遭袭击就可成为俘虏。至于周亚夫，敌人能有时机冒犯他吗？"文帝对周亚夫赞美了很久。一个多月以后，三支部队撤兵，文帝便任命周亚夫做中尉，负责京城治安。

周亚夫的军纪给文帝留下了深刻的印象，文帝临死时嘱咐太子刘启(后来的景帝)说："国家若有急难，周亚夫可以担当带兵的重任。"文帝逝世后，景帝即位，任用周亚夫做车骑将军。

景帝三年(前154年)，吴楚等七国叛乱。周亚夫以中尉代行太尉的职务，领兵向东进击吴、楚等国。周亚夫对景帝说："吴楚勇猛，行动迅捷，我们很难同他们在

七国之乱

面对面的作战中取胜。我想让梁国拖住吴兵，再率兵断绝他们的粮道，这样就可以制服吴楚了。"景帝同意了这个战略建议。

太尉周亚夫调集军队在荥阳会合，这时吴国军队攻打梁国，梁国告急，请求援助。周亚夫却领兵向东北急行至昌邑，挖深沟建高垒进行防御。梁国每日都派使者请求援助，周亚夫却坚守营垒不去救助。梁国向景帝上书，景帝派使臣命令太尉救援梁国。周亚夫却不执行，坚辞不出，而派弓高侯韩颓当等人率领轻骑兵断绝吴、楚后方的粮道。吴兵缺粮，饥饿难当，多次挑战，周亚夫始

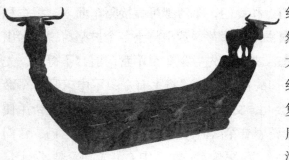

终不出击。夜晚，周亚夫军中突然惊乱，互相攻扰，甚至闹到了太尉周亚夫的营帐前，周亚夫始终高卧不起，过了一会儿，就恢复安定了。后来吴军扬言要奔袭周亚夫军营的东南，而周亚夫却派人戒备西北。不久吴兵果然以其精锐攻打周亚夫营西北，但没有攻下。吴兵忍饥挨饿，战斗力极弱，便引军撤退。周亚夫于是派精兵追击，大破吴军。吴王刘濞丢掉他的大部队和几千名精兵逃跑了，躲在江南的丹徒县(今江苏镇江东南)。汉兵乘胜追击，俘虏了他们，吴军全部投降。汉廷悬赏黄金千两捉拿吴王。一个多月以后，东越人斩下了吴王的头前来报功请赏。这次平定吴、楚之乱，历时三个月，可谓神速。这时将帅们才领略到了太尉周亚夫的谋略得当。这次平乱，梁孝王刘武因周亚夫不救梁，与他产生了矛盾。

周亚夫率军得胜归来，被正式任命为太尉。五年之后，升任丞相，深得汉景帝的器重。

景帝七年(前150年)，景帝要废掉栗太子刘荣，丞相周亚夫坚决反对，但却没有达到劝阻的目的。景帝因此事疏远了周亚夫。而梁孝王每次上朝，常和太后说周亚夫的不是。周亚夫在朝中处在了孤立的地位。一次，窦太后对景帝说："皇后(景帝之妻王夫人)的哥哥王信可以封侯。"景帝表示："太后的侄儿南皮侯窦彭祖，太后的弟弟章武侯窦广国，先帝(指文帝)都没封他们做侯，到我即位才封他们做侯，看来王信还不能封呢。"窦太后说："人主各以时行法，不必墨守祖法。我兄窦长君在世之时，不得封侯，死后他的儿子窦彭祖反

而得到了封爵，我对这事非常悔恨。你赶快封王信爵位吧！"景帝表示要与丞相商议。周亚夫得知此事后说："高祖规定：不是刘姓不能封王，没有立功的人不能封侯。不遵守这条规定的，天下人都可以共同攻击他。王信虽为皇后之兄，却没有战功，现在封他为侯，是背信弃义的事。"景帝沉默不语，放弃了为王信封侯。

后来匈奴王唯徐卢等五人降汉，景帝想要赐封他们，以鼓励匈奴人来降汉。周亚夫说："他们背叛了他们的君王而来投降汉王，汉王却封他们以侯爵，那么今后用什么责备不忠实的臣子呢？"景帝说："丞相议不可用。"于是封唯徐卢等人为侯。这一切引起了景帝的不悦，周亚夫因而称病谢罪。景帝三年以病免除丞相职务。

不久景帝在宫中召见周亚夫，赏赐食物予他。可周亚夫的席上只有一大块肉，没有切成碎肉，而且没有放筷子。周亚夫很不高兴，转头叫管酒席的官员取筷子。景帝于是笑着讥刺周亚夫说："这难道还不够让您满意吗？"周亚夫觉出这顿饭不对头，于是免冠告罪请退，便快步走出去了。景帝目送着他离去，说："瞧这个愤愤不平的人，将来能侍奉少主吗？"

周亚夫的儿子给父亲买了五百件皇家殉葬用的铠甲、盾牌，因没有给搬运的人付钱，因而遭到了怨恨。于是有人上书告发周亚夫的儿子，这事牵连到周亚夫。有关部门把罪行书之于册，一条条审问，周亚夫拒不答话。景帝听了骂道："我不任用他了。"下诏令把条侯交给廷尉治罪。廷尉责问周亚夫为何造反，周亚夫说："我所买的兵器都是殉葬品，怎么可以说造反呢？"审问的官吏说："即使你不在地上造反，也要到地下造反！"当初官吏逮捕条侯时，周亚夫本想自杀，后因夫人劝阻，因而没死，进了廷尉的监狱后，绝食五天，吐血而死，他的封国被撤除。

周亚夫死后，景帝便封王信做了盖侯。

（四）叛乱的经过

景帝三年（前154年），吴王刘濞起兵广陵，有部众二十余万，还兼领楚国兵。他置粮仓于淮南的东阳，并派遣间谍和游军深入肴渑地区活动。吴楚军渡过淮水，向西进攻，是叛乱的主力。胶西等国叛军共同攻打齐王将间据守的临淄，赵国则约匈奴联兵犯汉。景帝派太尉周亚夫率三十六员将军去攻打吴楚等国，派郦寄击赵，栾布击齐地诸叛国，并以大将军窦婴驻屯荥阳，监视齐、赵兵。曾经做过吴国丞相的袁盎，建议景帝杀晁错，恢复王国故土，以换取七国罢兵。景帝在仓促的情况下接受了这一建议，处死了晁错。暂居优势的吴王刘濞认为自己已经取得了"东帝"的地位，拒不受诏，战事继续进行。

在吴楚军西向攻取洛阳的道路中，景帝的弟弟刘武的封国梁国正好横亘其间。吴楚军破梁军于梁国南面的棘壁（今河南永城西北）。当时周亚夫率汉军屯于梁国以北的昌邑（今山东巨野东南），他不救梁国之急，而以轻兵南下，夺取泗水入淮之口（在今江苏洪泽境），截断吴楚军的粮道，使其陷入困境。吴军多是步兵，利于险阻；汉军多是车骑，利于平地。战事在淮北平地进行，吴军居于不利地位。梁国又坚守睢阳（今河南商丘南），吴军无法越过。吴军北至下邑（今安徽砀山境）周亚夫军营求战，结果吴军一败涂地，士卒多饿死逃散。周亚夫派精兵追击，吴王刘濞率败卒数千遁走，退保长江以南的丹徒（今江苏镇江）。汉军遣人策动吴军中的东越人反吴。东越人杀吴王刘濞后，楚王戊也兵败自杀。吴楚叛乱起于正月，三月即告结束。

在齐地，胶西等王国兵围临淄，三月不下。汉将栾布率军进逼，胶西、胶东、淄川、济南诸王或自杀，或伏诛。齐王将间为汉守城有功，但是他曾想夺取帝位，后来还参与过七国之乱的策划，特别是在被围困时又与胶西王等通谋，因此不能见容于汉，被迫自杀。在赵地，赵王遂撤兵坚守邯郸，郦寄攻之不下。匈奴人知道吴楚兵败，也不肯入汉边助赵。栾布平定齐地诸国后，还军与郦寄共同引水淹邯郸城，邯郸城破，赵王遂自杀。

五、叛乱的意义

　　七国之乱的平定，巩固了削藩政策的成果，在很大程度上解决了汉高祖分封子弟为大国所引起的矛盾，并为汉武帝以"推恩策"进一步解决王国问题，创造了必要的条件。七国之乱以朝廷军队胜利、叛军覆灭、七国宗王丧生而告终。叛乱平定后，景帝在文帝基础上进一步削弱了王国势力：首先，继续实行贾谊所提出的"众建诸侯而少其力"的方针，在吴、楚、赵、齐四国旧地，又陆续封皇子十三人为诸侯王；其次，抑贬诸侯王的地位，剥夺其任官之权。具体办法是：第一，"诸侯王不得复治国"，即不准诸侯王干预自己封国的政务，诸侯王仅能享受到封国的"衣食租税"。第二，削减封国官员，"省御史大夫、廷尉、少府、宗正、博士官、大夫、谒者、郎诸官长丞皆损其员"。又改丞相为相。第三，剥夺诸侯王置吏权，改由"天子为置吏"。诸侯王培植党羽、亲信的途径因之被堵死。七国之乱平定后景帝所采取的一系列削弱诸侯王势力的政策，使诸侯王失去专断擅权的条件，使其一举一动皆在皇帝所派官吏的监视之下。从此，诸侯王与朝廷分庭抗礼及叛乱的可能性大大减少了。西汉建国以来逐渐膨胀并威胁统一政权统治的诸侯王，经过七国之乱后基本得到解决。七国之乱的平定，诸侯王势力的削弱，不仅加强了中央集权，而且为武帝时期进一步削弱诸侯王势力，为西汉走向鼎盛奠定了基础。

三藩之乱

　　康熙初年，西南和东南数省仍盘踞着三个异姓藩王。康熙十二年（1673年）吴三桂首先起兵叛乱，其后几年间，耿精忠和尚可喜的长子尚之信、广西将军孙延龄以及陕甘的吴三桂旧部王辅臣等也相继叛乱，史称"三藩之乱"。康熙二十年（1681年），清军兵分三路攻入昆明，"三藩"之乱宣告平定。"三藩之乱"的平定，使清政府的中央政权高度集中，为康乾盛世的到来奠定了坚实的基础。

一、兴起关外，大明叛臣

"三藩"是清初耿仲明（耿精忠）、尚可喜、吴三桂三位异姓藩王的总称。他们原都是明朝将领，清兵入关前先后投降清朝（清朝的前身是1616年由女真人努尔哈赤在中国东北建立的后金政权，1636年努尔哈赤的第八子清太宗皇太极将国号改为清，将族名改为满洲。本文将国号统称为"清"）。

其中，耿仲明祖籍山东，明朝末年任登州参将，隶属于明朝皮岛总兵毛文龙麾下。皮岛也称东江，东西十五里，南北十里，与鸭绿江口的獐子岛、鹿岛

构成三足鼎立之势，地理位置居于辽东、朝鲜、山东登莱二州之间。皮岛与朝鲜本土只一水之隔，水面距离只不过相当于过一条长江而已，北岸便是朝鲜的宣川、铁山。明朝末年辽东战乱，朝鲜的义州、安州、铁山一带，因为邻近中国，从辽东逃出来的汉人难民和败兵纷纷涌到此地，汉人占了居民的十分之

七，朝鲜人只十分之三。明朝将领毛文龙将其作为反攻清朝的根据地，逐步招纳汉人，声势渐盛。明廷也认为皮岛是关联明、清、朝三方的战略枢纽，因此特别为毛文龙设立一个军区，叫作东江镇，升毛文龙为总兵。

毛文龙（1579—629年），字镇南，明末将领。浙江仁和人（今浙江杭州）。毛文龙年轻时穷困潦倒，学麻衣相术，替人测字看相谋生，后浪迹江湖，来到山海关外边塞。万历三十三年（1605年），他武科及第后，便在辽东边陲度过二十多年的行伍生涯。后金崛起后，毛文龙以朝鲜为根据地率明军与后金军对抗，保障了辽东明军与明朝内地的水路交通，同时在后金后方出击，牵制其西进犯明，最终导致了清朝对朝鲜用兵。朝鲜战败后，毛文龙率部撤往鸭绿江口近海的皮岛（今朝鲜椵岛），先后取得亮马佃大捷与横江大捷，随后升为总兵。明熹宗天启年间以来，明廷对毛文龙日益倚重，"累加至左都督，挂将军印，赐尚方剑，设军镇皮岛如内地""毛文龙灭奴虽不足，牵奴则有余"。但是毛文

龙部有贪功、冒饷、不肯受节制、难以调遣等问题。崇祯元年（1628 年）七月，袁崇焕上疏，献"五年平定辽东方略"，受到崇祯帝的赏识，受命为钦差大臣、赐尚方宝剑，督师蓟辽，便宜行事。离京前，袁崇焕与内阁辅臣钱龙锡谈到平辽事宜，认为毛文龙"可用则用之，不可用则杀之"，主张"先从东江做起"，集中精力对付毛文龙。

崇祯二年（1629 年），袁崇焕以阅兵为名，乘舟至双岛，祭出尚方宝剑，宣布毛文龙十二条当斩之罪：

1. 九年以来兵马钱粮不受经略巡抚管核；

2. 全无战功，却报首功；

3. 刚愎撒泼，无人臣礼；

4. 侵盗边海钱粮；

5. 自开马市，私通外夷；

6. 亵朝廷名器，树自己爪牙；

7. 劫赃无算，躬为盗贼；

8. 好色诲淫；

9. 拘锢难民，草菅民命；

10. 交结近侍；

11. 掩败为功；

12. 开镇八年，不能复辽东寸土。

袁崇焕公布十二条罪状后，面向京城方向请命："缚文龙，去冠裳。"斩毛文龙于帐前。由于事发突然，史书记载"（崇祯）帝骤闻，意殊骇"。崇祯帝对于袁崇焕擅杀毛文龙非常不满，但"念（毛文龙）既死，且方倚崇焕，乃优旨褒答。俄传谕暴文龙罪，以安崇焕心"。

虽然如此，但毛文龙之死实际上为清廷长驱南下解除了后顾之忧。毛文龙被杀三个月后，后金约十万精兵绕道内蒙古，由喜峰口攻陷遵化，直迫明都北京，史称"己巳之变"。当时的明朝官员已经看到了袁崇焕杀毛文龙与"己巳之变"之间的关联。毛文龙死后，辽东战场从鸭绿江到旅顺的主要城镇、海港、海岛以及朝鲜，先后被后金占领。这可说是袁崇焕杀毛文龙始料未及的后果。毛文龙被杀，既是毛文龙悲剧的结束，也为日后袁崇焕惨死埋下了伏笔，成为袁崇焕人生悲剧的开端。

皮岛诸将得知毛文龙被杀后群起哗变，形势十分危急，幸而明廷措施得当，及时平息兵变，并将毛文龙所属的部分军队调往其他地区驻防，才稳定局势。皮岛旧部孔有德、耿仲明、李九成等人被明廷登莱巡抚孙元化接收。孔有德被任命为参将统领骑兵部队；耿仲明则被派往登州要塞担任游击将军；孙元化的军队拥有大量的西式火炮，被认为是当时最为精锐的一支火器部队。

崇祯四年（1631年）八月，皇太极率清兵攻打大凌河（今辽宁锦县），明朝将领祖大寿（吴三桂的舅舅）被清军围困在城内，粮尽援绝。孙元化接到明廷的调兵旨意，急令孔有德率领八百骑兵赶赴前线增援，但孔有德抵达吴桥（今河北省德州市吴桥县，当时属于山东）时，因遇大雨春雪，部队给养不足，士兵发生抢劫哗变，史称"吴桥兵变"。孔有德对明廷早已心灰意冷，趁着这个绝好的机会率兵叛变，调转军队，杀向登莱。在耿仲明等人的内应下，孔有德轻易攻陷登州（今山东蓬莱）。登莱巡抚孙元化被俘，孔有德念及旧情将其释放，但随即孙元化被明廷以丧师失地的罪名处死。

孙元化（1581—1632年），字初阳，号火东，嘉定（今属上海）高桥镇人，明末将领。明万历四十年（1612年）举人，从业师徐光启学习西洋火器和数学，后经侯震旸保荐从军辽东，协同驻守宁远，对袁崇焕等帮助极大，被袁崇焕誉为"识慧两精"。天启六年(1626年)，清太祖努尔哈赤率军十余万进攻宁远，明军在宁远城头共布置有十一门红衣大炮，威力惊人，努尔哈赤身受重伤，不久身亡，史称"宁远大捷"。崇祯三年（1630年）一月，孙元化随军镇守山海关，三月加山东按察副使，五月兵部尚书梁廷栋破格荐用孙元化升任登、莱二州巡抚。崇祯五年（1632年）一月登州失陷。总兵张可大自杀，孙元化自杀未成，不向叛军妥协，孔有德念旧让他逃走。兵变发生后，朝中多言孙元化已反。三月孙元化、余大成等人被逮至京师镇抚司，又被政敌余应桂、李梦辰、

盛世与乱世

路振飞等人陷害，在狱中遭到严刑拷打，难以脱罪。崇祯五年（1632年）七月二十三日，孙元化被处死。孙元化是天主教徒，圣名依纳爵，一生重视西方科学，为西洋火炮专家，孙元化之死，代表西方军事专家派淡出明朝军队，他著有《太西算要》《几何体论》《几何用法》《西法神机》等。

孔、耿二人率兵在登州附近与明朝军队周旋近一年，虽然取得过几次胜利，但仍难以扭转战局。为了保存身家性命，孔有德等人于明崇祯六年（1633年）五月率所部三千六百余人以及大量西洋火器由登州渡海归降清朝。次年正月，也是毛文龙旧部，祖籍山西洪洞，时任广鹿岛副将的尚可喜也率官兵五千五百余人渡海降清。

孔有德、耿仲明、尚可喜三人的归降，为当时的清朝增添了大量红衣大炮和其他各型火器，而且将当时最为先进的火器瞄准技术带到了清朝，使清军在随后的作战中拥有了火炮、水师和精锐步兵，对作战勇猛的八旗铁骑可谓如虎添翼。更重要的是明廷经此叛乱，原本作为反攻基地的登莱地区优势彻底丧失，山东腹地也遭到蹂躏。明廷丧失兵力数万人，良将十多员，战舰、火炮、粮钱无法计算。从此登莱作为战略基地已不再被提起，战略进攻更是无人问津。

明崇祯九年（1636年），清太宗皇太极将国号由"后金"改为"清"，年号由"天聪"改为"崇德"，同时册封归降的孔有德为"恭顺王"、耿仲明为"怀顺王"、尚可喜为"智顺王"。入关后，清廷又在顺治六年（1649年）五月，将三人的封号分别改为"定南王""靖南王"和"平南王"。

"三王"中兵力最强、资格最老、对清廷忠心耿耿的是定南王孔有德。

孔有德，明末清初将领，辽东（今辽宁辽阳）人。孔有德出身矿徒，曾是辽东海盗，后投效皮岛总兵毛文龙，与耿仲明、尚可喜合称为"山东三矿徒"。毛文龙被袁崇焕处死后，其旧部由副将陈继盛统辖，不久，参将刘兴治在皮岛叛乱，杀陈继盛等十余人，总兵黄龙随即赴皮岛镇压。天聪七年（1633年），孔有德、耿仲明不服黄龙统辖，率部投靠了登莱巡抚孙元化。崇祯四年（1631年）八月，孔有德发动吴桥兵变后投降后金。崇德元年（1636年），孔有德受封恭顺王，随

清军出征朝鲜、锦州、松山等地。入关后，随多铎追剿农民起义军，镇压了江南各地的抗清斗争。顺治三年（1646年）授平南大将军，进攻南明永历政权。五年，改封定南王，出征广西。顺治九年（1652年），孔有德在广西桂林被南

明永历政权的李定国部包围，他先出城以骑兵列阵冲锋，但战马见到李定国的战象后受惊，全军不战自溃；随后他又登城指挥防守，却额头中箭，负了重伤。孔有德见败局已定，桂林城无法坚守，便在府中自杀身亡，尸体也被李定国焚骨扬灰。清廷对此大为震惊，为其建衣冠冢并破格予以厚葬。孔有德的独子被李定国俘虏，囚禁六年后才将其处死。孔有德唯一幸存的女儿孔四贞，则被孝庄太后收为养女，封和硕公主，日后遵守其父孔有德与部将孙龙所定的婚约，下嫁其子孙延龄。"三王"中余下的靖南、平南二王则继续为清廷征战，由北京南下直至两广，且多有功劳，颇受清廷赏识。康熙初年，他们二王与顺治元年（1644年）才归降清朝的原明山海关总兵吴三桂被当时的人们合称"三藩"（要与"三王"相区别）。

　　"三藩"中占地最广、实力最强的是被清朝封为"平西王"的吴三桂。吴三桂祖籍江苏高邮，少年英挺，善骑射，《圆圆曲》的作者明末文人吴伟业说他"白晰通侯最少年"。吴三桂成名于18岁，其父吴襄带领五百名士兵出锦州城巡逻，被皇太极的数万大军重重包围。吴三桂的舅父祖大寿与吴三桂登上城楼观战，祖大寿以城内兵少不肯出兵相救，吴三桂竟仅率二十多名家丁将其父吴襄救出重围。皇太极见到吴三桂如此勇猛无畏，大为感叹道："吾家若得此人，何忧天下？"崇祯四年（1631年）八月，皇太极发动"大凌河之役"，时任总兵的吴襄在赴援时临阵退缩，导致全军覆灭，被朝廷下狱问罪。但吴三桂却不仅未受其父获罪的牵连，反而因作战勇敢被提升为总兵，驻守宁远。史载吴三桂所部"胆勇倍奋，士气益鼓"，是明末最后一支有战力的铁骑部队。

　　顺治元年(1644年)三月初，李自成农民军攻破山西大同、真定，直逼北京城下。明崇祯帝慌忙册封在宁远驻守的吴三桂为平西伯，并命令他率领所部精锐的关宁铁骑入卫京师，随后又起用他的父亲吴襄提督京营。但形势的发展远超崇祯帝的预料。当吴三桂匆忙率军在三月十六日抵达山海关，二十日刚到河北丰润时，就接到北京已被农民军攻陷，崇祯帝在煤山上吊身亡的确切消息。

无奈之下，吴三桂只有返回山海关静观局势发展。鉴于山海关的险要位置和关宁铁骑的强悍战力，李自成在攻下北京后很快就意识到了占有山海关的重要性，且志在必得。他曾派明朝的降将唐通、白广恩率部东进试图攻占滦州（河北滦县），以此作为夺取山海关的初步试探。但唐通和白广恩二人的进攻并没有得逞，反被吴三桂打得大败，损兵折将，狼狈退回北京，吴三桂也没有乘胜追击，仍驻扎在山海关上。此时，李自成最关心的是驻兵山海关的吴三桂何去何从，因为这对大顺政权至关重要。他深知吴三桂和他的辽东铁骑都是勇兵悍将，如果真的血战到底，将会是农民军的一支劲敌。另外，山海关距北京仅七百里路程，又跟清兵一关之隔，近在咫尺。因此，吴三桂可以左右逢源：进，可威胁北京；退，可凭山海之险固守；逃，可举足即至清兵营中。如若两者联合起来，更是实力大增，对农民军最终一统天下会产生致命威胁。因此，每当李自成想到吴三桂及山海关的存在，便愁眉不展，寝食难安。

李自成在对待吴三桂的问题上，并不想动用军事力量，而是希望争取政治协商的方式解决。此举堪称明智。这一解决办法也是完全可能的。因为此刻象征明政权的北京已被占领，明朝在全国范围内的统治实际上也已垮台，人心向着大顺政权，已是大势所趋，原明将吏非降即死。身为明臣，兵单势孤的吴三桂不能自存，也势必会走投降这条路，因而，李自成对招降吴三桂是很有把握的。

顺治元年（1644年）三月底，李自成再次派降将唐通率军，携犒师银四万两，前去山海关赏赐吴三桂所部，并许下高官厚禄，加以劝降。吴三桂起初对农民军的招降条件颇为满意，并于四月初率军离开山海关前往北京投降。四月四日，吴三桂率军抵达北京永平以西的沙河驿，并在这里遇到了从北京逃出的府中家人。吴三桂询问父亲吴襄的情况，家人禀告说：吴襄已被农民军逮捕。他对此并没有在意，认为这是农民军的迫降伎俩，只要他应命投降，吴襄自然会化险为夷。吴三桂又问到他的爱妾陈圆圆的情况，家人回答说：陈圆圆已被李自成的大将刘宗敏掠去。与此同时，吴三桂派往北京密探其父消息

的人也回报说，其父吴襄正在被严刑拷打、抄没家产，甚至传言已被拷打将死。吴三桂原以为其父只是遭到软禁，自己回京后一切问题自然迎刃而解。此时听闻其父惨遭拷打的惨状已是怒火中烧，尤其是爱妾陈圆圆的被掠，对他刺激更大，深感屈辱。此时的吴三桂再也按捺不住胸中的怒气，咬牙切齿地说："大丈夫不能保一女子，何面见人耶！"他不假思索，当即下令全军停止前进，挥师返回山海关击败唐通，夺回关城。这就是明末以来广为流传的名句——"恸哭六军俱缟素，冲冠一怒为红颜。"（吴伟业《圆圆曲》）。至此和平劝降吴三桂的尝试彻底失败，双方图穷匕见，一场恶战在所难免。

　　李自成在得知吴三桂已招降无望后，率十万大军从北京出发试图一举攻占山海关，彻底消灭吴三桂，解除北京的北部威胁。迫于李自成的强大军事压力，吴三桂为了保存自己的实力，遂与闻讯前来的清朝摄政王多尔衮歃血为盟，决意降清。四月二十二日，吴三桂与清英亲王阿济格、豫亲王多铎合兵大败李自成于山海关外的"一片石"。清廷有感吴三桂较强的军事实力和绝佳投降时机，在获胜当日即将其册封为"平西王"，并命令他率军作为前锋继续追击李自成。至此，"三藩"的主要成员已全部归降清王朝，并在入关后的征战中，为清廷立下了汗马功劳。

二、绞杀旧主，一手遮天

李自成在山海关全军溃败，退回北京后自知大势已去，慌忙在北京紫禁城武英殿称帝，建国号"大顺"，年号"永昌"。称帝的当天，李自成就携带大量金银财宝及崇祯帝二子全军撤出北京，先至山西，不久之后又退往李自成的老家陕西，试图重整旗鼓与清军再决雌雄。

清摄政王多尔衮侦知农民军向山西、陕西撤退，立即调集兵力，令满洲各亲王、贝勒分别率军，全力追击，随军的还有孔有德、耿仲明、尚可喜"三王"与刚册封的"平西王"吴三桂。他们因本是汉人，而且在内地征战多年，熟悉地理人情等原因，先后被清廷派到各支追击部队中充当急先锋的角色，委以重任。而此时本应与部下和衷共济、共渡难关的李自成却因错听谋士牛金星的谗言，误杀了力劝他固守河南的将领李岩，军中以刘宗敏为首的大批将领多为此不平，以致将无斗志、兵无战心，虽多次组织反攻，却被清军连续击败。清兵先后占领山西、陕西、河南等地。李自成被迫经襄阳退往湖北，试图与占据武昌的明朝总兵左良玉联合抗清。顺治二年（1645 年）四月，李自成进入武昌，但立足未稳又被追击的清军击溃，无奈之下取道湖北通山九宫山转战江西，不意在山中勘察地形时被团练武装杀害，时年 39 岁。

明末另一支农民起义军的领袖张献忠在顺治元年（1644 年）底已攻陷成都，进而占领四川的大部分地区。当年十一月十六日，张献忠在成都称帝，建国号"大西"，后改元"大顺"，以成都为西京。大西政权建立后，设置左右丞相，六部尚书等文武官员。又封四个养子为王，孙可望为"平东王"，刘文秀为"抚南王"，李定国为"安西王"，艾能奇为"定北王"。顺治二年（1645 年）夏，南明福王弘光政权灭亡。十一月，清朝用剿抚兼施的策略，一面以何洛会为定西大将军进剿四川，一面派人

下诏诱降张献忠，劝说他归顺清朝。张献忠置之不理，反而增强了抗清的决心。此时，何洛会率领的清军被陕西的义军所牵制，所以一直没有入川。直至顺治三年（1646年）初，清朝改派肃亲王豪格为靖远大将军和吴三桂等统率满汉大军，全力进攻张献忠所部农民军。五月，豪格率清军攻占汉中。七月，张献忠将军队分为四部，命令四个养子各率一部向陕西进发抗击清军。九月间，张献忠率部放弃成都，倾巢北上迎击清军。十一月，张献忠率领大军扎营于四川西充凤凰山时，被突然出现的清军前锋哨探射杀，所部大乱，几乎不战而溃。

李自成、张献忠二人死后，明末纵横大半个中国的农民起义就此陷入低谷，两支农民军的残部虽然在李过、李来亨，孙可望、李定国等人的率领下与南明军队合作共同抗清，并且取得过一定的战绩，但已经难以扭转整个战局，最终仍被清廷全部镇压。

"三王"与吴三桂随着南下清军由北而南，先后进占汉中、河南、四川、两广、贵州和云南等省。虽然定南王孔有德在顺治九年（1652年）战死于广西桂林，但清廷仍然依靠吴三桂等藩王稳住了战局，逐步压缩南明最后一个政权——永历政权的势力范围。最终在顺治十八年（1661年），吴三桂率兵胁迫缅甸政权交出已逃亡到国外的永历帝朱由榔，并在康熙元年(1662年)四月二十五日，亲自部署和执行了对永历帝的处决行动。史书记载：吴三桂派部将吴国贵率亲兵前往永历帝的囚禁地，将永历帝和他的儿子，还有皇室王维恭之子抬至门首小庙中，吴国贵命人出示弓弦，准备用刑。此时，永历帝早已知晓自己的死期将至，既没有求饶，也没有抗争，坦然的保全了大明最后一位帝王的颜面。永历帝的太子此时才12岁，临行之际大骂吴三桂："黠贼！我朝何负于你？我父子何负于你？乃至此耶！"吴国贵等不由分说，用弓弦把永历父子和王维恭之子逐个勒死，又将太后及后妃二十五人解送到北京处置。此后虽然南方的农民军余部一直坚持抗清，但不仅难以力挽狂澜，反而逐渐式微。直到康熙三年

盛世与乱世

（1664年）最后一支抗清武装的首领——李自成的养子李来亨战败后全家自焚，西南内陆地区的抗清势力被基本消灭。

吴三桂在镇压了南明政权和农民军的联合反抗后，在顺治十六年（1659年）奉命留镇云南；尚可喜在顺治六年(1649年)改封为平南王，后来受命留镇广东；耿仲明也被改封为靖南王，后因包庇部将、隐匿逃亡八旗奴隶等罪责而畏罪自杀，其子耿继茂(耿精忠的父亲)袭封，后留镇福建。他们各拥重兵，割据一方，俨然是三个独立王国，号称"三藩"。其中平南、靖南二藩各有兵力十五佐领（八旗的特殊编制，最初每佐领三百人，入关后编制逐渐递减），绿营兵各六七千，丁口各两万；平西王所属兵力五十三佐领，绿营兵一万二千，丁口数万。"三藩"中吴三桂功高兵强，受到清廷的恩礼也最丰厚。他帮助清廷击败李自成农民军，平定陕西、四川、云南三省，从缅甸将永历帝捉回绞死，又平定了水西土司安氏的叛乱，四方精兵猛将多归属他的部下。清廷又擢升他的部将王辅臣为陕西提督，李本深为贵州提督，吴之茂为四川总兵，马宝、王屏藩、王绪等人为总兵。"三藩"势力几及全国之半。"三藩"的总兵力，几乎相当于清政府绿营兵的一半，因此对于帝王专制的中央集权国家，实在是一大威胁。三藩在滇、黔、粤、闽等控制地区内铸钱、煮盐、贩洋、开矿，横征暴敛。其中，吴三桂控制西南地区，大搞独立王国，广收党羽，安置亲信，招揽人才，操练士兵，积极扩大自己势力。凡他任命的官吏将领不受中央吏部和兵部控制。他甚至可以向川、陕、两湖或其他各地选派官吏，名为"西选"，民间传言，"西选之官几乎遍布天下"。他还垄断了地方财政，把持各种赋税征收和商贸往来，他所辖地区的财政收支户部不得过问，借此来扩充自己的经济实力。"三藩"在其统治的藩国内，无法无天，多行不法之事。吴三桂本人更是嚣张跋扈，大肆兼并土地，不仅将云南明代黔国公沐氏的田庄全部据为己有，还将已归农民耕种的明代卫所军田占为己有，鱼肉百姓，天怒人怨。其余两藩情况类似，留镇广东的尚可喜之子尚之信素来强悍，不守礼法。早年在北京入侍时，就曾醉酒持刀追杀其弟驸马尚之隆。尚可喜担心尚之信在京城触犯朝

廷大法，于是上奏朝廷让他返回广州。岂料尚之信回到广州之后却"暴横日甚，招纳奸宄，布为爪牙"，横行无忌，引起当地官民的怨恨。此外，他还酗酒好杀人，常常在父亲面前持刀比划，"所为益不法"。福建的耿精忠早年在北京名为侍卫，实为人质，返回福建后更将这一段经历视为奇耻大辱，进而产生了逆反的心态。其父耿继茂病死后，他年少即位，不知父祖的百战艰辛，反而肆行不法，在境内大肆征收盐税，苛派夫驿，勒索银米，成为当地百姓的一大负担。清廷虽明知"三藩"暴虐苦民，且耗费繁重，已有尾大不掉之势，但由于政权初建，尚不稳固，而且兵力不足、财政困难，因此一直对"三藩"宽纵容忍。直到康熙清除鳌拜后，集中权力，才开始谋划除掉"三藩"这个心腹大患。

三、少年英主,运筹帷幄

顺治十八年（1661年），年轻的顺治帝福临因伤感爱妃董鄂氏的去世而忧伤过度，又因感染天花，不幸早逝，年仅24岁。皇四子玄烨虽然年仅8岁，但因为已经出过天花，对这种在当时万分可怕的不治之症拥有了后天免疫力，出于对皇位连续性和稳定性的考虑，顺治皇帝的母亲孝庄太后将其确定为皇位继承人。按照顺治帝遗诏，刚即位康熙帝由四位辅政大臣总揽朝政，因此他虽然早已深知"三藩"的危害，但因为手中并没有朝政实权，也只有隐忍不言。

到了康熙六年（1667年）六月，辅政四大臣之首的索尼因病去世。年已12岁的康熙帝在其祖母孝庄太皇太后的支持下，决心废除四大臣辅政体制，实行亲政，并与同年的七月，举行了亲政大典。不过，康熙帝虽然亲政，但辅政大臣鳌拜仍然对政权有着巨大的威胁，原有的辅政体制实际上仍没有发生根本的变化。为了能使康熙能够及早亲政，并迫使遏必隆和鳌拜也交出权力，辅政大臣之一的苏克萨哈在康熙亲政后的第六天上书请求退隐。在康熙帝尚未做出反应之际，鳌拜一党罗织了二十四条罪状陷害苏克萨哈，并强迫康熙帝将其处死。迫于鳌拜等人的压力，康熙帝不得已将苏克萨哈全家处死。而鳌拜一党在清除

政敌苏克萨哈后，更加肆无忌惮，朝廷所有政事，均由其决断，对于康熙帝的有些诏令，他竟敢公开抗旨。这些明显的叛逆行为让康熙帝意识到鳌拜对自己统治地位的威胁，清除鳌拜已成为关乎政局稳定的国家大事。

康熙帝一方面不动声色，像以往一样尊敬鳌拜，目的在于麻痹鳌拜，使之毫无防备。一方面选择一群身强力壮的少年练习布库（摔跤）。这样做的原因是考虑到鳌拜亲信党羽遍布朝野，以及鳌

拜的武功了得，既不能将其"名正言顺"的伏法，也难以"光明正大"的扣押。在康熙八年（1669年）五月，康熙帝断然采取行动，首先将鳌拜的党羽以各种名义派出，削弱鳌拜的宫廷势力。然后派人将鳌拜召入宫中，亲自指挥布库少年将被誉为"巴图鲁"的鳌拜擒获。鳌拜的党羽——另一辅政大臣遏必隆等人

在此之后也被一一擒拿。曾经一手遮天、不可一世的顾命大臣鳌拜，就这样败在年仅16岁的少年帝王脚下。

康熙帝在剪除鳌拜后，废除辅政体制，将朱批大权收回。自此才名副其实的亲政，并开始考虑裁撤"三藩"的问题。在中国的历史上不乏藩镇割据分权，给国家的大一统造成不良后果的鲜明事例。康熙帝既深知其中的利害关系，决意及

早撤藩，避免日后造成更大的危害。为了激励自己平定三藩的斗志，康熙帝将此事书写在宫中柱上，并积极寻找解决三藩问题的有利时机。

早在康熙亲政的第一年，即康熙六年（1667年），吴三桂就以目疾为理由请求清廷解除他总管云贵两省事务的职责。康熙帝借此机会予以批准，责令由朝廷派遣的云贵两省督抚管理全省。康熙帝的这一举措虽然部分削夺了吴三桂的权力，但两省兵权仍然掌握在吴三桂及其旧部的手中，"三藩"的势力仍然根深蒂固。康熙十二年（1673年）三月，年事已高的平南王尚可喜被其长子尚之信胁迫，几乎成为傀儡。失去权力的尚可喜采纳了谋臣金光的计策，向朝廷上疏请求带领两佐领的亲信部下回辽东养老，并提出由他的儿子尚之信承袭王爵，继续留镇广东。尚可喜的这一举措原是想以退为进，希望借此机会亲自赴京向朝廷控诉尚之信的悖逆不法。但年轻气盛的康熙帝抓住这一时机，一方面不同意尚之信留镇广东而决令撤藩，一方面下旨命令尚可喜全家率部迁归辽东。吴三桂和耿精忠闻讯后，都十分惶恐不安。当年的七月，两人分别上疏，假意要求撤藩以试探清廷的态度，给朝廷施加压力。这时朝臣中对于"三藩"的处置办法也分成两派，大学士索额图、图海等人认为"三藩"不可动，户部尚书米思翰、兵部尚书明珠则赞成撤藩。康熙帝自己则是坚定的撤藩派，他认为："吴三桂的叛变蓄谋已久，朝廷现在如果不尽早将他们除掉，将来一定会搬起石

头砸了自己的脚。况且三藩叛乱的局面已经形成，撤藩他们会反，不撤藩他们恐怕也会反，朝廷不如先发制人。"有鉴于此，康熙帝当机立断，批准了吴三桂、耿精忠二藩的上疏，下令三藩同时裁撤。康熙帝本以为凭借朝廷给与丰厚的撤藩补偿，加上三藩各有眷属在北京充当人质——特别是吴三桂身为额附（驸马）的长子吴应熊也在北京，朝廷又占有财政和兵力上的实际优势等原因，三藩投鼠忌器，是不敢轻易发动叛乱的。但时局发展却出乎康熙帝的预料。吴三桂在接到朝廷撤藩的旨意后，立即于同年十一月杀掉云南巡抚朱国治，首先举兵叛乱。

三藩之乱

四、蓄发再叛，半壁狼烟

吴三桂在他人生的第二次叛变中自称"天下都招讨兵马大元帅"，以"兴明讨虏"为号召，似乎已经浑然忘记了正是他自己这位自我标榜的"大明忠臣"向清军献出了被誉为"两京锁钥无双地，万里长城第一关"的山海关；也正是这位大明朝的平西伯，在南明最后一位皇帝——永历帝的苦苦哀求下用弓弦亲手将其绞死。此时的吴三桂沐猴而冠、颇为意气风发，他一面传檄天下，一面派主力进攻湖南，分路进攻贵州、湖南、四川等省。

吴三桂叛乱后，其他各藩也心怀鬼胎、蠢蠢欲动。康熙十三年（1674年）二月，身为定南王孔有德女婿且统领其旧部的广西将军孙延龄不顾妻子孔四贞的阻拦，杀害了与他平素不和的都统王永年，副都统孟一茂，参领胡同春、李一第和大批地方官员，起兵响应吴三桂叛乱。孙延龄自称"安远王"，"自行铸造官印、任命官员，改变州县设置，卖官鬻爵，给行贿较多的官员以优缺"，孔有德的旧部广西提督马雄也随同投降，广西全省沦陷。

同年三月，靖南王耿精忠（耿仲明的孙子、耿继茂的儿子）软禁了和他有通家之好的范文程之子——福建总督范承谟及其全家，在福州起兵叛乱响应吴三桂。清廷福建巡抚刘秉政失节投降。耿精忠自称"总统兵马大将军"，而且命令部下军民重新蓄发（明人不剃发，头发自然生长，以头巾束于头顶，然后加冠。清人发式是剃去头部四周头发，只留有头顶后部的一块编为发辫自然下垂，被人们称为"金钱鼠尾式"）。属下军民全部换回明朝式样的宽袍大袖、束发加冠的装束，还私自铸钱"裕民通宝"流通全省。耿精忠派遣部将曾养性、白显忠等为将军，分别攻陷了周边的延平、邵武、福宁、建宁、汀州等府县，并同吴三桂约定日期，准备合兵进攻江西。

吴三桂叛乱初起时，平南王尚可喜的长子尚之信还能派兵协助清廷平定叛乱，但随着吴三桂的节节胜利和清军的初期败退，尚之信发生了动摇，与此同

盛世与乱世

时他得知其父尚可喜对自己往日的骄奢淫逸和横行不法极其不满，并上奏朝廷准备用次子尚之孝代替自己继承平南王位。康熙十五年（1676年）二月，尚之信在广东发动兵变，炮击清兵大营，派兵看守了其父尚可喜的府第，封锁内外，接管了平南王的权力。他还接受了吴三桂"招讨大将军"的封号，气焰十分嚣张。此时已是重病缠身的尚可喜闻讯，怒火攻心，挣扎着起来要"投缳自尽"，以报先帝知遇之恩，幸亏左右人发现及时，才将他急救过来。自此，尚可喜的病情日益加重，已经难以理政。尚之信叛乱后，清廷的两广总督金光祖、巡抚佟养钜、陈洪明也投降了吴三桂。尚之信派人逮捕了曾劝尚可喜废黜自己的谋臣金光，酷刑处死，报了一己私仇。

尚可喜自杀未成，但病势严重，只能苟延时日，一切听任摆布。至十月二十九日，原本一直昏迷的尚可喜忽然强睁大了眼睛，说："吾受三朝隆恩，时势至此，不能杀贼，死有余辜！"他自知生命已到了尽头，令诸子把太宗所赐冠服取出来，穿戴好，扶他起来，向北叩头。然后对诸子说："吾死后，必返殡海城（今辽宁省海城市）。魂魄有知，仍事先帝。"说完，溘然而逝，年73岁。由于战争阻隔，康熙帝直到第二年的六月才得知尚可喜已经去世的消息，不胜悲叹地说："平南亲王尚可喜久镇疆，劳绩素著。自闻兵变，忧郁成疾，始终未改臣节，遂至殒逝可悯。"指示要给予"恩恤"。

台湾的郑氏政权，从郑成功到他儿子郑经，一直坚持奉明朝年号，力图重夺江山，恢复大明天下，但由于偏居台湾一隅，自感力不从心。耿精忠起兵后，很想借助郑氏的力量来壮大自己的势力，于是同郑经约定会师福建，共同攻击清军。郑经欣喜万分，将其视作千载难逢的大好时机，毫不迟疑地委派大将冯国轩率军，从福建沿海登陆，占领了漳州、海澄（海龙）、同安、绍安、泉州及建宁等处，有大小船一百余只，驻洛阳桥附近，招兵买马，号召当地百姓群起反清。

陕西提督王辅臣，原为吴三桂部将，驻守平凉（甘肃平凉）。王辅臣原为农民军将领，弓马娴熟、勇不可当，人称"马鹞子"，其为人正直，忠于职守，素来为吴三桂所器重。吴三桂起兵叛乱后，清廷派重臣莫洛出京担任大学士，管理陕西经略事宜。但莫洛原是鳌拜一党，且与王辅臣颇有矛盾，因此对王辅臣百般刁难，处处掣肘。康熙十三年

（1674年）十二月，王辅臣受逼不过，杀死莫洛起兵叛清。这样一来，叛军就在西北开辟了新战场，造成对清军的南北夹击之势。

此外，许多与"三藩"有勾结的地方督抚以及绿营将领如贵州巡抚曹申吉、提督李本深，云南提督张国柱、襄阳总兵杨来嘉、四川巡抚罗森、提督郑蛟麟、总兵谭弘、吴之茂也纷纷树起叛旗，响应叛乱。一时之间，战火遍及滇、黔、闽、粤、桂、湘、鄂、川、陕等省，叛军身着明朝铠甲衣冠、执白色旗帜，沿途气焰嚣张、锐不可当。但吴三桂被初期的胜利冲昏了头脑，在战略上犯了保守主义的错误，在攻入湖南后没有趁清廷大军尚未聚集的机会渡江直取北京，而是在湖南采取守势，坐待清军调集各地兵力，甚至包括了蒙古、东北锡伯和索伦等各部，全力镇压叛乱。

五、祖孙同心,调兵遣将

当吴三桂在云南发动军事叛乱的消息传到北京后,针对招、抚两策,清廷的内部意见产生了严重分歧。只有少数人坚决主张平叛,大多数人主张不要动武,恢复三藩的权力,更有甚者主张"裂土罢兵",承认分裂割据的合法化。

康熙帝虽然青年才俊,但毕竟年龄尚轻,政治经验不足,在对待"三藩"问题上也犯了轻敌的错误。首先,他既过低估计了叛军实力,又过高估计了入关后八旗兵的战斗力。其次,没有对降清汉族军事将领的群起叛变施以有效的防范。再次,他夸大了朝廷所使用的拘押人质等牵制手段所能起到的作用。最后,康熙帝对于镇压"三藩"缺乏长远的全局计划,竟要御驾亲征,几乎铸成大错。

三藩之乱爆发并迅速蔓延后,作为撤藩之议最终决策者的康熙帝,面对叛军的强大攻势,原本坚定的意志出现了动摇。在这危急的关头,康熙帝的祖母——孝庄太后给了他最大的支持,使他坚定了信念,最终力排众议,坚持武力平叛。孝庄太后为鼓励前线平叛将士英勇作战,多次将自己在后宫节省下来的钱物捐献出来,犒赏出征将士。《清史稿》中记载:"吴三桂作乱,频年用兵,太皇太后念从征将士劳苦,发宫中金帛犒赏出征将士。"

康熙十四年(1675),正当平叛战争激烈进行时,从长城脚下又传来了战争的警报:蒙古察哈尔部酋长布尔尼也乘吴三桂叛变,清军南下平叛,无力北顾之机,兴兵叛乱,威胁北京。布尔尼为明末察哈尔林丹汗的后裔。林丹汗虽已在清太宗皇太极时被清军剿灭,但其子额哲被清廷重新扶植为亲王,并赐婚公主,成为清朝的额驸(驸马)。布尔尼就是额哲与公主所生之子,与清廷本是血肉至亲,但此时却落井下石,举兵叛乱。布尔尼起兵后,广泛煽动蒙古各部起兵反清,但蒙古各部中只有奈曼王扎木山响应,参加叛变的也仅有二旗兵力。面对十万火急的军情,康熙

三藩之乱

帝却苦于无兵可调，束手无策。孝庄太后闻讯，立即建议派遣大学士图海率兵平叛。康熙帝认为图海曾在顺治朝因处理案件失当而被免职，恐怕难以重用。孝庄太后则认为不能以一时的错误而埋没人才。《啸亭杂录》记载："孝庄文皇后曰：图海才略出众，可当其责。"康熙帝接受了祖母的建议，命令图海"选八旗家奴之健勇者，得数万人疾行，不许夜宿"。这批临时由各府家奴拼凑而成

部队在图海的带领下，迅速赶到叛乱地点，趁乱夜袭敌营，斩杀匪首布尔尼，顺利地平定了叛乱。大胜归来后，康熙帝举行隆重仪式迎接图海，"行抱见礼"

"赐大学士图海以御用衣帽，及团龙补服、黄带等物，又赐御马二匹，散马二百匹"。经由此事，我们就可以看出孝庄太后拥有细致入微的洞察力和对人才的独特辨别能力。孝庄太后力主用图海平叛，使清朝摆脱了遭受叛军南北夹击的困境，从而得以集中全部兵力镇压三藩之乱。

正是由于孝庄太后在幕后的出谋划策和无私支持，康熙帝才能度过了叛乱初起时最艰难危险的时段，迅速稳定政局，果断地采取了一系列措施遏制叛军的嚣张气焰，可以说孝庄太后在康熙初年的政坛上扮演了独特而重要的角色。

清廷镇压三藩叛乱的军事斗争，大体经历了三个阶段：

第一阶段，从康熙十二年（1673年）十一月吴三桂昆明起兵，到十四年（1675年）底。这一时期的战争形势是：吴三桂发动战略进攻，清军战略退却；

第二阶段，从康熙十五年（1676年）到十六年（1677年）底。在此期间，双方进入战略相持阶段，展开了互有胜负的拉锯战，而清军在如甘肃、陕西、江西、浙江等处的局部地区逐渐转入战略反攻；

第三阶段，从康熙十七年（1678年）到二十年（1681年）十二月，清军已占有绝对优势，开始战略反攻，吴军全面退却，直至被彻底消灭。

为了集中力量打击首恶吴三桂，康熙帝在其叛乱后，首先在政治上分化瓦解三藩。清廷向全国公布了吴三桂的累累罪状，处死其在京的长子吴应熊和次孙吴世琳；同时下旨停撤尚、耿二藩，对两藩在北京的家属予以妥善安置，照旧宽容对待。此后，当耿精忠、王辅臣、尚之信等反清时，康熙帝始终持招抚态度，把他们的变乱说成是"无知被惑"，并声称"朕之待尔，始终不渝，必不食言"。

其次，清廷在军事上迅速弥补缺失，制订了一套正确、周密的作战计划：一方面派遣将士分赴荆州、常德、四川、安庆，阻截吴军和割断吴、耿两军的联系；另一方面积极部署后方，将山东兖州、山西太原作为后方军队的两大集中点。

叛乱一发生，吴军来势迅猛，很快攻陷岳州、澧陵、衡阳等地。康熙十三年（1674年）三月，耿精忠据福建反清。十二月，陕西提督王辅臣在吴三桂诱引下反清，占据平凉，与进攻四川的吴将王屏藩遥相呼应。这样，陕西、甘肃、四川、湖南、云南、贵州等省在数月之间全为吴军控制。

吴三桂被暂时的胜利冲昏了头脑。他自以为用兵之术天下无双，到达湖南后就命令诸将划江而守，企图迫使康熙帝和谈。但是，康熙帝早已看穿了他的心理，不仅不为所动，反而积极备战。一方面，命令清军挺进岳州，向吴军展开进攻。另一方面，在几次专敕慰勉王辅臣失败后，于康熙十五年（1676年）进军平凉，逼迫王辅臣投降，并使另一吴将王屏藩因失去声援而逃往汉中。

王辅臣原并不想起兵叛乱，但清廷陕甘经略莫洛公报私仇，以致激反王辅臣。康熙帝在得知王辅臣起兵后大为震惊。当时王辅臣之子王继贞正在北京为官，康熙帝派王继贞返回平凉劝说其父，并陈述了朝廷既往不咎，希望王辅臣迷途知返的态度。王辅臣先后攻破兰州等地，陕甘危急。豫亲王多铎之子董额用兵无方，攻平凉八个月未有寸功，康熙帝被迫将刚刚平定布尔尼叛乱的老将图海派往陕西平叛，并在康熙十五年（1676年），正式任命图海为抚远大将军。图海率军到达平凉后，于康熙十五年五月攻克城外制高点虎山墩，平凉全城震动。精于战阵的王辅臣心知城已不守，或战或降举棋不定。清将周培公献计攻心为上，遣使招降王辅臣。康熙十五年六月，王辅臣势穷降清。王辅臣投降后，康熙帝仍然授给他太子太保的封号，封靖寇将军，命令他和图海一起镇守汉中。但王辅臣恐难逃罪责，惶恐不安，试图自杀未果。康熙帝严令图海看护王辅臣，但图海还师西安时，王辅臣还是遣散妻妾，以酒自尽。

吴三桂起兵后，又勾结青海多尔济为援军。康熙帝得知后立即命张勇驻扎甘州地区防御，从而使多尔济不敢协助吴三桂叛乱，又使青海和硕特各部回归故地，粉碎了叛乱进一步蔓延的美梦。这样，清廷就大体上平定了陕甘，使

85

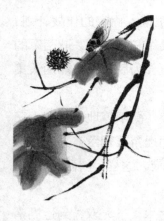

得吴三桂串通西北汉籍将领、煽动蒙古叛乱，从侧面进攻北京的阴谋彻底破产。

耿精忠叛乱后，联合台湾郑成功的儿子郑经对广东形成夹击形势，使清朝的"粤东十郡竟失其四"。康熙十五年(1676)六月，清康亲王杰书乘耿、郑二人不和，大败耿精忠，并迫使郑经退回台湾。十月，耿精忠再次向清军投降，福建全省被清军收复。广西将军孙延龄反清后，与投靠吴三桂的柳州提督马雄内讧，被吴三桂派遣部将擒杀。至康熙十五年(1676)五月，清军夺回广西。

康熙十五年(1676)四月，当吴将马雄进逼广州时，尚可喜之子尚之信挟持其父叛清。康熙十六年（1677年）五月，在清朝镇南将军莽依图的军事进攻和吴三桂逼迫助饷的压力下，尚之信走投无路，向清军投诚。

六、得道多助，失道寡助

以往国内的史学界对三藩之乱的性质众说纷纭，有的学者认为它是一场清廷与其"老牌奴才"之间的"窝里斗"，另一些学者则认为它是明清之际民族矛盾的继续和发展。因此，在这里我们需要对三藩之乱的性质做一些分析和考察。

"三藩"在叛乱后所发布的檄文中，指斥清朝统治者"窃我先朝神器，变中国冠裳"，声称要"共奉大明之文物，悉还中夏之乾坤"，反映了在改朝换代之际，割据藩镇与中央政权之间为争夺国家最高统治权所发生的不可调和的阶级矛盾，这是清初政局的首要矛盾；还有民族矛盾此时在全国范围内依然普遍存在；统治阶级内部矛盾也继续存在，众多矛盾始终威胁着清廷统治的长治久安。

因此，当吴三桂刚一举起反清旗帜，前明皇室以及台湾的郑经集团、部分汉族官员、汉兵和少数民族上层人士以及一些地区的农民、奴仆都迅速做出了回应。

首先，前明皇室、遗民和一部分知识分子在清朝定都北京后就一直图谋恢复"大明"江山。吴三桂反清的消息一传出，他们即纷纷响应。福建朱统铝"以前明宗室名号，纠集党羽，盘踞山谷"；一直使用南明永历朝年号、占据台湾的郑成功之子郑经致书吴三桂，声称："今者四海仰望唯殿下一人，未审军政之暇，亦知有天外孤臣否？"公开表示欲与吴三桂合作反清，并派遣军队渡海进攻闽浙沿海地区；明末清初的著名学者顾炎武也赋诗称吴三桂起兵为"碧鸡竟长鸣"，并为他的挚友归庄早逝，没有看到今天吴三桂起兵的盛况而惋惜不已，流露出悲喜交集的心情。

其次，三藩之乱发生后，江西的农民和京师的佃户、奴仆进行了反清起义。史书记载：江西地区的"山寇"蜂拥作乱；袁州府无地无户籍的农民与耿精忠部相联结与清军作战。其中较为重要的起义是在

三藩之乱

清朝的都城北京爆发的"杨起隆起义"。起义前，以质子身分长期住在北京的吴三桂之子吴应熊，联络京师地区的白莲教首领杨起隆，利用旗下主仆、主佃的矛盾，组织反清队伍，并定于康熙十三年（1674 年）元旦时，聚众叛乱，攻击紫禁城。当吴三桂反清的消息传到京师时，杨起隆利用北京流言甚多、人心不稳的时机，冒充明朝崇祯帝的三太子，组织奴仆、佃户几千人，号称"中兴官兵"，提前于康熙十二年(1673)十二月二十一日晚起义。只是由于计划的预先泄露和敌我力量的悬殊，起义当晚即告失败。

再次，一些汉族文武官员和汉兵也在吴三桂叛乱后加入了反清斗争。清廷在入关之初就把维护满族贵族的利益放在首位，大肆施行圈地法、逃人法、剃发令以及官缺制和满汉官员双轨制，对汉族官吏、士兵采取民族歧视压迫态度，因而引起他们的强烈反对。当三藩起兵反清时，贵州、四川的巡抚和提督，广西、陕西的提督以及湖南等省的绿营官兵，就纷纷响应。

此外，三藩举起反清旗帜后，四川的几个土司、苗民、察哈尔蒙古布尔尼、青海墨尔根台吉等少数民族首领也相继响应。

上述阶层、民族人士的反清斗争，虽然都受到三藩"兴明讨虏"的影响，并与三藩叛乱存在一定的联系，但他们主要是从自己的阶级利益和民族利益出发进行反清斗争的，因而已远远超出了三藩反清的范围，具有民族矛盾和阶级矛盾的双重性质。

"三藩"以"复明"为号召，实际并没有收到什么显著的效果：直隶、山东、河南、安徽等地无大反应；江南、西南的响应者则大多是社会上层人士；在广大的人民、下层兵士中，不仅没有出现顺治年间那种轰轰烈烈、可歌可泣的抗清景象，相反斥责三藩搞分裂的呼声日益高涨。如康熙十五年（1676 年）尚之信反清时，广东人民就坚决反对，并断言广东"过了周三年，依旧归康熙"。原来支持三藩变乱的郑经，这时也察觉出吴三桂等人的狼子野心。康熙十五年（1676 年），他在发动对耿精忠的战争时，指责吴、耿二人说："我在海外数十年，尊奉的是明朝年号。可是现在吴三桂建国号为'周'，耿精忠使用'甲寅'年号，这些人都是我的敌国，因此我要派兵进攻。"这些情况充分说明，三藩为维护割据局面而进行的反清叛乱，是违背人民意愿和历史潮流的，最终必将失败。

更多的汉族和少数民族官员和绿营将领在这场关乎国计民生、大是大非的战争中，坚定地站在代表中央政权的清廷一方，为维护国家的统一和人民免受战争之苦，立下了汗马功劳。

范承谟（1624—1676年），字觐公，一字螺山，汉军镶黄旗人。清初政治家，开国名臣范文程第二子。顺治九年（1652年）进士，历官浙江巡抚、福建总督。在为官任上历勘浙江荒田，请求朝廷减免赋税三十余万亩，赈灾抚民，漕米改折。"三藩之乱"爆发后，他被耿精忠囚禁，守节不屈，后全家被杀，卒年53岁。三藩平定后清廷为昭显忠烈，追赠其为兵部尚书，谥号"忠贞"。

河西四汉将：特指清朝康熙年间，对在平定三藩之乱中有功的四位河西籍绿营将领张勇、赵良栋、孙思克、王进宝的统称。

张勇（1616—1684年）清朝名将，字非熊。陕西洋县(一说咸宁)人，善骑射。明朝末年任副将。清顺治二年(1645年)降清，授游击将军，隶属于陕西总督孟乔芳。三年，所部多次同大顺军余部作战获捷。十年（1653年），张勇因为勇略兼备而被授予经略右标总兵的官职。后来又因为与南明的农民军余部作战有功被提升为云南提督。康熙二年(1663年)，返回甘肃镇守。十四年（1675年），授靖逆将军，封靖逆侯，在平定三藩之战中担任西线主将，为"河西四汉将"之冠，屡败陕西叛将王辅臣及由四川北进的吴三桂所部叛将吴之茂。两年间，相继收复洮州(今甘肃临潭)、巩昌(今陇西)、平凉等地，安定陕甘，论功进封一等侯。康熙二十三年（1684年），率师御边，病卒途中。张勇虽身事两朝，但

身经百战，即使右足伤残不能行，也令仆人载其乘车督战，坐理西北军务十余年，为清朝边疆的安定和国家的统一作出了重大贡献，受到后世的称颂。

赵良栋（1621—1697 年），清朝名将，字擎之，号西华，甘肃宁夏(今宁夏银川)人。1645 年从军，同张勇一道隶属孟乔芳部，以战功升任游击将军。顺治十四年（1657 年）经洪承畴推荐，从征云南，任督标中军副将，后被提升为擢云南广罗镇总兵。康熙三年（1664 年）任宁夏提督，平定驻军叛乱。三藩叛乱后，赵良栋出兵进攻吴三桂，授勇略将军。康熙十九年（1680 年），其帅军攻克成都，因功被授予云贵总督，成为清朝的封疆大吏。次年与八旗将领彭泰等合力攻下吴三桂的老巢云南昆明，平定三藩之乱。后因受权贵排挤，借口患病归老田园。康熙三十六年（1697年）卒，谥号"襄忠"。

孙思克（？—1700 年），字荩臣，汉军正白旗人，清朝康熙时期的绿营名将。他的父亲孙得功，原是明朝的游击将军，后来归降清太祖努尔哈赤。孙思克是他的第二个儿子。孙思克在平定吴三桂之乱时，屡立战功，受到康熙帝的赏识。康熙三十九年（1700 年），因病请求归养田园，康熙帝认为他是老臣而且多有战功，特派御医前往诊视，仍然命他留任养病，但孙思克不久就在任上去世。康熙帝十分悲痛，下旨赠太子太保，赐予祭葬，谥号"襄武"。孙思克久镇边疆，威望崇高。灵柩自甘州到达潼关，沿途军民号泣相送。康熙帝闻之大受感动，在北京特命皇长子允褆临祭，以表哀思。

王进宝（1626—1685 年），字显吾，甘肃靖远人。早年从军，精于骑射，是清朝初年的绿营名将。三藩之乱爆发时，王进宝担任西宁总兵，与其子王用予一同起兵平叛，先后击败叛将王辅臣、王屏藩、吴之茂等人。康熙二十四年（1685年），王进宝去世，朝廷给于加赠太子太保，赐祭葬，谥号"忠勇"的殊荣。

朱国治（？—1673 年），汉军正黄旗人。顺治四年（1647 年）被选为贡生，授予固安知县，后升至大理寺卿。顺治十六年（1659 年），任江苏巡抚，上疏献策抵御前明郑成功进犯南京的军队。顺治十八年（1661 年）上疏称苏、松、常、镇四府欠赋绅衿万余，均为抗粮，导致这批江南士绅地主被全部褫革功名，史称"江南奏销案"。康熙十年（1671年）补云南巡抚，加太子太保兼少保。康熙十二年（1673年），吴三桂起兵反清时欲胁迫他投降，遭到严词拒绝。随即被杀，遗体被吴三桂部下分而食之，骸骨无存。三藩之乱平定后，清廷将朱国治列入"忠义"死难臣子之列，加以褒扬优恤。

傅弘烈（？—1680年），回族，字仲谋，号竹君，江西南昌府进贤县人，举人出身。其父傅应期，明末任粤西令。傅弘烈长期随父读书，练达世务，敏于政事。清军平定两广之后，朝廷广招贤才，傅宏烈应募人仕，被选为庆阳知府。傅弘烈在庆阳为官数年，政绩卓著。康熙七年（1668年）傅弘烈上疏康熙帝，揭发"吴三桂不轨事"，但朝廷当时尚无力处置三藩，为了不打草惊蛇，无奈之下将傅弘烈发配广西梧州。三藩之乱爆发，傅弘烈招募兵马，声讨吴三桂，且多次与尚之信所部叛军作战，多有功绩，很快被朝廷提升为广西巡抚。康熙十九年（1680年），傅弘烈在与叛军战斗中被俘，送往昆明，吴三桂孙吴世璠百般劝降，都被傅弘烈严词拒绝，十月遇害。朝廷追赠太子太师、兵部尚书，赐谥号"忠毅"。

蔡毓荣（？—1696），字仁庵，汉军正白旗人。原清兵部尚书蔡士英的儿子。康熙初年，任刑部侍郎。先后出任湖广四川总督、湖广总督兼领兵部尚书、云贵总督的官职。他在任上多次上疏言四川招民垦荒事宜。康熙十四年（1675年）率绿旗兵征讨"三藩之乱"，后领衔绥远将军，总统绿营。先后在岳州、长沙、衡州、辰州、贵阳、云南等地击败吴三桂的部队，而且屡次上疏建言三藩平定的善后事宜，言及蠲荒、理财、弭盗、军制等十多个方面。后来因为娶吴三桂孙女为妾，获罪遣戍黑龙江，赦归后于康熙三十八年（1699年）去世。

事实上，"三藩"在变乱前就是一股危害国家利益的反动势力，他们割据一方，无视朝廷大一统的政治思想，无视人民向往安定和平的生活环境，可谓是得道多助，失道寡助，最终必然走向失败。

政治上，三藩独霸一方，割据称雄。

"三藩"名义上隶属清廷，实际上自行其是。他们将自己所控制地区的省城大小衙门悉数占为私有，而把清廷委派的官吏驱赶到城外，蜗居僻壤。他们广泛收罗党羽，不

仅令清朝知县以上的官吏皆投身藩下，而且逼迫平民百姓投身藩属，如不听命，就诬陷为逃兵，任意处置。他们独揽人事、财政大权。吴三桂"用人，吏、兵二部不得掣肘；用财，户部不得稽迟"。他甚至可以向全国选派官吏，号称"西选"，使"西选之官几满天下"。他们还拉拢少数民族的上层人物。吴三桂通过在四川地区与西藏土司常年互市，还每年遣人到西藏熬茶，将少数民族土司封为总兵、游击等官，以扩大自己的影响，削弱清廷势力。

军事上，三藩寻衅边陲，扩张势力。

吴三桂留镇云南后就不断挑起地方性争端，以此向朝廷要粮要饷，借以自肥，既以此作为自我保护的策略，又借机扩张势力。例如他在灭掉水西土司安坤，迫使安坤的妻子率领属民迁往别的地区后，就占领了水西地区。这样的事例在其他二藩中也是不胜枚举。

经济上，三藩霸占田土，苛派加耗。

吴三桂留镇云南伊始，就大量霸占当地百姓田地。他霸占了南明永历帝在五华山的宫殿，并不断增修，使其更完备；把明朝黔国公沐氏的七百顷庄田全部据为已有，作为藩庄；同时又在昆明三百里内圈占田地，作为专用的放牧场所，以致整个云南地区"平西(吴氏)勋庄遍布，管庄者杀人夺货，滋为民患"；他还通过江苏巡抚为其婿在苏州"买田三千亩，大宅一区"。尚可喜、耿精忠也分别在广东、福建拼命吞并田土，如广东海州、花山一带就有尚可喜父子擅自立的"王庄"。

吴三桂在云南霸占了大片田土后，就向当地人民征收繁重的租税。吴三桂把各族农民变为他的佃农，恢复沐氏统治时期苛重的租赋，每亩比正常加征十多倍，农民苦不堪言。在租赋之外，还向当地人民征收繁重的税收。云南南部地区道路险远，交通不便，商贸阻塞。吴三桂派遣官吏，四处搜刮，几乎没有东西不需要上税。福建农民在耿精忠的统治下处境也非常凄惨，常年劳作所得不足收获的十分之一。

吴三桂在云南任意把持和掠取当地资源。一些商人还倚仗吴三桂明目张胆地贩卖清政府禁运之物，如关东的人参、四川的黄连等。广东在尚、耿二藩同驻的三十余年间，倍受鱼肉，所有牟利之事几乎被王府霸占殆尽。后来靖南王耿精忠移驻福建，尚可喜就把广东变成了自家的天下，更肆无忌惮地百般搜刮。仅从盐埠、渡税、总店、渔课、市舶五项中，王府每年就能收入数十万两白银。移驻福建的耿精忠在境内也同样是横征暴敛，搞得民怨沸腾。

在三藩之乱初期，尽管由于一些阶层、民族人士的参加，使变乱带有民族矛盾和阶级矛盾的性质，但究其实质却还是一场分裂割据与维护统一的斗争。

七、末路称帝，恶贯满盈

康熙十六年（1677年），吴三桂在接连失去了陕西王辅臣、福建耿精忠、广东尚之信以及广西孙延龄的援助之后，其势力范围已只剩云、贵、四川和湖南四省。而且由于长期战争，吴三桂多年搜刮积累的大量财富迅速消耗、藩库日益空虚；无奈之下吴三桂只有加重赋役，但过度的横征暴敛，使得四省人民怨声载道，以致于众叛亲离，而清军却得以集中兵力，全力对付吴三桂所部。

靖南、平南两藩再次降清后，战争形势发生了较大的转折。清军经过初期的败退后，开始逐步从西北和东南两个战场向吴三桂叛军发动反攻。叛军重要将领高得捷、韩大任、邱大成、林兴珠等人或死或降。吴三桂在不到一年时间内损兵折将，损失惨重，叛军集团内部开始瓦解。

康熙十七年（1678年），吴三桂在形势日趋恶化的情况下迎来了起兵的第五个年头，此时的吴三桂已经六十有七了。几年战争的辛苦奔波使得他已经心血耗尽、老态龙钟，而战事的日益不利也使得他整日里愁眉不展、唉声叹气。但为了维系人心，振奋士气，吴三桂授意部下将领上表劝进，试图用称帝一法来做最后一搏。吴三桂在接到部下的多次劝进后，才装模作样地予以接受。并确定于康熙十七年（1678年）三月初一在衡州（今湖南衡阳）称帝，国号"周"，改元"昭武"，并准备大封百官诸将。

由于事出仓促，准备不及，吴三桂的部下无奈之下只好匆匆在衡州郊外南狱之麓筑起一座祭坛，并置办了相应的御用仪仗、卤簿等必用之物。由于来不及建造宫殿朝房，就构筑了万间庐舍权且充作朝房，宫殿屋瓦来不及改成黄色的琉璃瓦，就临时派人用黄漆粉刷涂抹，以求滥竽充数。三月一日这天，吴三桂头戴翼善冠，身穿大红衣，骑着马，出宫至郊外，登坛，行衮冕礼。可惜天

盛世与乱世

公并不作美，正行礼间，忽然下起大雨来，仪仗、卤薄被雨水打湿，泥污不堪。临时搭建的茅屋芦棚纷纷土崩瓦解，粉刷一新的黄瓦也在大雨下显出了原形。整个登基大典犹如一场闹剧，只得草草结束。但无论如何，吴三桂毕竟是登上了他朝思暮想的皇帝宝座，并以衡州为都城，改名为"定天府"。他当了皇帝，置百官，属下也改易官称，逐一册封。首先封他的妻子张氏为"皇后"，封已在北京被处死的吴应熊长子吴世璠为"太孙"。加郭壮图为"大学士"，仍守云南，设云南五军府、兵马司，改留守为六曹六部。大封诸将，"首国公，次郡公，亚以侯、伯"。晋升叛将胡国柱、吴应期、吴国贵、吴世琮、马宝等为大将军。封王屏藩为东宁侯，赐尚方剑。其余皆按等次晋爵。此外，吴三桂为证明他是奉天承运，还造新历，制新钱币"昭武通宝"。还在云南、贵州、湖南、四川举行乡试，选拔举人，极力营造出政权稳定的假象。

以往历朝历代的创业之主，无不是在取得相当大的领土，且具有强大势力的时候，才非常慎重地选择登基称帝，立国建号，以号令天下。换而言之，即帝位必与其实力相称，极少在势竭力衰之时称帝的，即使勉强称帝，亦不过玩玩政治游戏，是没有成功的先例的。吴三桂称帝可说是个例外，他在兵力极盛时还不敢即皇帝位，只称"周王"，谁料到了势衰之际忽然想起当皇帝。以称帝愚弄百姓、麻痹自己，聊作自我安慰，实在是自取灭亡。

吴三桂的称帝行径并没有带来预期的效果，反而招来清军更加猛烈的进攻。接连的败报和内部的重重矛盾使得吴三桂心神俱疲，油尽灯枯之下，他的生命也即将走到尽头。

康熙十三年（1674年）开始，清军将进攻重点调整到了湖南省会长沙以及与其互为掎角的岳阳城。清、吴两军在长、岳两地囤积重兵，反复拉锯，战事一时呈现胶着状态。至康熙十七年（1677年）上半年，康熙帝不停地调兵遣将，持续不断地加强清军进攻岳州与长沙的作战能力。清军不顾伤亡连续突击，吴军虽屡有小胜，但大局已定。吴三桂虽奔波于各战略据点之间四处督战，但军心已散，虽奏效一时，却也无力回天。吴军形势，如江河日下，不可能重振雄风了！

清军围困岳阳数年，终将吴军大将吴应期部困至粮绝，吴应期被迫率领残余吴军数万在康熙十八年（1679年）正月十八日从岳阳突围而出，狼狈溃逃。岳阳的攻克使得长沙不守，湖南动摇，叛军的大溃败已经为时不远了。

康熙十七年（1678年）吴三桂称帝前后，派大将马宝进攻重镇永兴，派胡国柱、夏国相率数万人马对广东、广西发动大规模进攻。虽然取得了一定进展，但不久后就被兵力处于优势的清军遏制并击退。吴三桂眼见师老粮匮，府库空虚，举步维艰，深感"力实难支"，每每自言自语，哀叹："何苦！何苦！"他的这番自叹透露出对自己所作所为的一丝忏悔，然而为时已晚。此时他正受到数十万清军日益逼近的大包围。摆在吴三桂面前的只有两条路，要么投降，要么死去。他明白，处在他这个地位，绝不能投降，即使投降，清廷也绝不会饶恕他。当年六月，吴三桂的结发妻子张氏病死。这给他带来了无限的哀伤和更加沉重的心理打击。

康熙十七年(1678年)八月，吴三桂突然得了"中风噎嗝"的病症。中风是指突然昏倒，口眼歪斜，言语困难或半身不遂等症状。即使不昏倒，也可能出现上述病症。中风还指外感风邪，也会出现口眼歪斜等症状。"噎嗝"又是一种病，按中医临床解释，它的病症是，"噎"为吞咽梗塞，水饮不下，食物难入。"嗝"指食管狭窄，食下抵拒作痛，或格拒难下。二者合称"噎嗝"。显然，这两种病症，都是由于心情不舒，焦虑过重，心力交瘁，气血亏空，肝火过盛所致。

吴三桂贵为皇帝，自然会得到当时条件所能允许的最好的治疗。虽说未见大好，却也维持下去，未见恶化。不幸的是，有一天，忽然有条狗窜到他的几案上，安详地端坐着。吴三桂很迷信，马上意识到狗坐几案是不祥之兆。经此惊吓后，吴三桂精神崩溃，病情迅速恶化，口不能张。接着又患上了痢疾，腹泻不止，虽经百般调治，终不见效。吴三桂知道自己将不久于人世，于是授意他的心腹大臣，速命他的孙子吴世璠(即吴应熊的儿子)来衡州，托付后事。然而在交通并不发达的清代，信使从衡州到云南，再从云南携吴世璠回到衡州，费时极久，吴三桂还未等到见吴世璠的最后一面，就于八月十八日结束了他叛服不定的一生，时年 67 岁。吴三桂病死后，吴世璠并未顺应众将的意愿到衡州即位督战，而是由吴军大将马宝等人在贵阳迎候即位。吴世璠即位后改元"洪化"，随即护送吴三桂的灵柩回云南安葬。

三藩之乱

八、三路入滇，平定三藩

吴三桂因为没有等来孙子吴世璠，也就没有留下任何身后遗命，吴军众将战和难定，只得采用集会商议的办法决定全军动向。会议期间，大将吴国贵首先倡议放弃云南老巢，集中全部兵力于两路人马：一路奔袭幽燕；一路直捣南京，拼死一搏，倘有一路成功，则大事尚有可为。但马宝等其余将领因家眷尽数都在云南，且贪恋家财，拒不听从调遣。叛军最后的反扑机会就此丧失。康熙十八年（1679年）初，清军攻陷岳阳，不久安亲王岳乐又占领了湖南长沙，大将军喇布收复衡州。

接连的丧师失地使得吴军军心进一步涣散，愈发不可收拾。湖南战场形势也随之发生巨变：各处吴军无心固守，闻风即逃。清军横扫千军如卷席，在不到两个月的时间里，自北而南千里追击，吴军毫不停歇地向后退去，清军马不停蹄地尾随，紧紧追逐。于是，在湖南的广阔战场上，出现了一种奇特的战争景象：一方铁骑如云，滚滚向前，席卷而来；一方丢盔卸甲，溃不成军，狂奔逃命。造成这种局面的主要原因是吴三桂死后吴世璠年幼，其才能威望都不足以统帅全军，而吴军众将也彼此龃龉，互相拆台，全军丧失统一指挥，将帅们已完全丧失战斗意志，无心抵抗，清军未到，率先逃跑。

康熙十九年（1680年）初，清军攻陷吴军在湖南的最后据点武冈、辰州，吴军退回云南，湖南全境光复。同年正月，清军趁湖南大胜之机发动了对四川吴军的总攻击。张勇、王进宝、赵良栋三员汉将，此时已经威镇西北，所部绿营兵都是百战精锐，战力强悍。康熙帝把最难征剿的四川交付他们去攻取，让他们作为全军先锋，而将不擅山地作战的满蒙骑兵调到绿营阵后进军。

四川号称天险，山峻谷深，道路阻断，进兵不易，出兵亦难。因此，康熙帝采取了将四川叛军暂置不理，先突破陕西与江西、福建两翼，然后倾全力突击湖南的战术。待湖南全境将要恢复时，再命大将率军攻入四川。趁此清兵大胜，吴军败亡的有利形势，一举收复兴安、汉中，再深入川中，除个别地方遇到零星抵抗外，所到之处伪官纷纷迎降。清军提督赵良栋率部接连击败吴军大将王屏藩、吴之茂的阻击，攻克四川成都。王屏藩走投无路自杀身亡，吴之茂被俘，押往北京，凌迟处死。四川全省平定。清军重新占有四川后，已经占据了天时地利人和，为最终进军云贵、彻底铲除三藩叛军提供了有利条件。

康熙十九年（1681年）三月，"勇略将军"赵良栋建议自湖南、广西、四川三路合击，进取云贵。康熙二十年（1681年），云贵总督蔡毓荣主攻，统合"定远平寇大将军"彰泰、"征南大将军"赖塔等清军各部，从蜀、黔、桂三路攻入云南，经激战后占据五华山，并掘长壕合围昆明城，城内粮食不济，文武大臣纷纷投降。但吴世璠毫无降意，坚闭城门，等待在四川的马宝、夏国相、胡国柱等应援。康熙帝心知吴军在四川的马宝等将领必定会回军云南援救，因此严令清军跟踪追击，将回援吴军基本全歼。

吴世璠期待马宝、夏国相等人的外援在清军的阻击下都化为泡影，但他仍不愿投降，死守昆明。此时，清军围困昆明城已达半年之久，城内的粮食已经接济不上，生活也日渐窘迫，军心民心都已动摇。

九月，赵良栋率军到达昆明，献计断绝昆明水道，令清军逼近城下掘壕围困。清军直至城下，吴世璠被迫派兵出城迎战，双方在归化寺附近激战多时，吴军终被击败。清军赖塔部占领银锭山，蔡毓荣夺取太平桥，赵良栋、穆占、巡抚王继文进占玉皇阁。三路大军日夜猛攻。吴世璠与其岳父郭壮图惊慌失措，眼看昆明城将被攻破，却一筹莫展、无计可施。

康熙二十年（1681年）十月二十八日，困守昆明的吴军发生内讧，吴世璠、郭壮图绝望自杀，二十九日残余吴军打开昆明城门，出城向清军投降。

此时，吴三桂已死去三年多。清军一进城，就搜查他的棺椁，准备戮尸示众。但查找多处，不得其真假，追问吴三桂的亲信部下也难辨真伪。在清军逼近昆明时，吴世璠和他的岳父郭壮图为防万一，极其秘密地把吴三桂的尸骨改葬他处，此事只有吴世璠、郭壮图等极少数的几个人知道，可是他们都已自杀身亡，他人自然无法知道吴三桂真正的尸骨埋在什么地方。清军已挖掘过吴三桂的坟墓，但都是伪墓。清军到处搜寻，甚至在一天中竟挖得十三具尸骨。然而，连清军的统帅们也无法分辨真伪，只得下令全部用火烧掉，残余尸骨弃之不理。

实际上，清廷所得到的吴三桂尸骨不一定是真的。因为吴世璠临败前，必将他祖父的尸骨妥为保存，免致败后遭戮，伪造几个疑墓是完全可能的。如果吴三桂尸体已焚化，更难分出真假。反正随便拿出谁人尸骨，就说成是吴三桂的，又有什么办法去分辨真伪？清廷的目的，不过是用严惩吴三桂尸骨的方式儆戒后人罢了。

康熙帝在得到清军攻克昆明，吴三桂余党投降的消息时，不由得感慨万端，御笔题诗一首：

洱海昆池道路难，
捷书夜半到长安。
未矜干羽三苗格，
乍喜征输六诏宽。
天末远收金马隘，
军中新解铁衣寒。
回思几载焦劳意，
此日方同万国欢。

全诗大意是：通往云南的道路十分的艰难。胜利的捷报在半夜时分到达北京。这场战争的胜利，并非是专用武力征讨，而是恩威并重，使云南的各民族受到感化的结果。幸喜战事结束，可以减少向云南征调军队和各地的物资征收。在遥远的南方收复了昆明，远征的将士们可以卸下身上寒冷的铠甲了。回想起过去几年来的焦虑和艰辛，直到今天才能够同天下百姓举国同庆。这首诗道出了康熙帝在接到捷报时独特的心境和无限的喜悦。

至此历时八年，蔓延十省的三藩之乱最终平定下来。三藩之乱的平定，稳固了清朝的政局，在中国历史上延续时间最长的"康乾盛世"也由此开端。

九、医治创伤，奠基盛世

三藩之所以失败，其主要原因是他们不顾人们渴望和平安定的愿望，为了一己私利，倒施逆行，不得人心，遭到全国上下的一致声讨。吴三桂早先投降清朝，又镇压人民抗清斗争，作为贰臣早已声名狼藉。明末以来历时四十年之久的战争刚刚结束，阶级矛盾已相对缓和，人民希望和平统一安定，不愿战争；再加上吴三桂战略上的失误，致使三藩失败。三藩之乱的平定，使国家重新统一，巩固了清王朝的统治。

康熙帝在平定三藩之乱后，相继采取了一系列行之有效的措施，使疆域辽阔、人口众多的多民族的封建国家得以巩固和不断强大。清廷的统治权力也得到集中和加强。

（一）军队编制得到统一

三藩之乱平定后，清廷对各藩及参加变乱的部队进行了妥善安置：吴三桂的部队全部发配到辽宁开原县东四十里的尚阳堡，在台站服役，"名曰台尼堪"（意思是台站奴隶）。王辅臣死后，其部队全被裁减。察哈尔布尔尼叛乱平息后，清廷将跟随叛乱的各部落安插在义州、锦州等地。与三藩通谋之人如陈梦雷、田起蛟等俱从宽免死，发配到披甲新满洲为奴。尚可喜、耿精忠、孔有德的部属，尚之信的弟弟尚之孝等家下所属壮丁，则分别被编入正黄、镶黄、正白、正蓝旗汉军旗下。清廷还在荆州、福州、广州等地增设八旗驻防，广西、云南加派绿营兵镇守，以增强统治力量。

（二）地方官吏的任命权收归中央，官僚制度得到整肃

三藩之乱平定后，三藩任意坐缺补官的

擅权行动被废止。康熙十九年（1680年），康熙帝谕令：坐名题补"乃一时仓卒奏请，往往不能尽当……徒误地方"，严令"此后坐名题补各员概为停止，吏部仍照例铨补"。康熙二十年（1681年），康熙帝又传谕九卿詹事科道说：必须从公保举官吏，"不可以同年同乡亲党徇情私保，即督抚所举不当，亦著指陈勿隐"。

从此，举官用人的大权被收归朝廷。军队编制的统一和官吏任免的整肃，使得清廷的统治权力进一步得到集中和加强。

（三）三藩的暴政被废除

三藩之乱平定后，康熙帝即宣布废除三藩所施行的各种虐政。具体措施是：

凡是三藩私自征收的赋税一概禁革，"悉照经制额税征收"；取消三藩掠取地方的一切政令；将吴三桂占夺的沐氏勋庄田地变价归并附近州县，"照民粮起科"；将尚藩在广东所占田庐、店舍一一奉还于民，其每年征收的数百万"私市私税""尽充国赋，以济军需"。另外，清廷还将尚可喜家族在三藩叛乱后夺取的盐铁重利归还百姓。这就使得广大劳动人民的负担有所减轻，东南沿海和西南地方的残破局面开始好转。

（四）缓和阶级矛盾和民族矛盾，大力发展生产

长达八年之久的三藩之乱，给了清朝统治者以很大的震动。康熙帝认识到："当吴三桂初叛时，散布伪札，煽惑人心，各省兵民相率背叛，此皆德泽素未孚洽。"由此，他认真地总结了明朝覆亡和三藩变乱的教训，指出："朕阅历代史册，见开创之初及守成之主，政简治约，上下臣民有所遵守。末世君臣变乱成法，朝夕纷更，终无补益。所谓天下本无事，庸人自扰之耳。"从而得出了"久乱之民思治"和"恤兵养民"的结论，并进一步采取了以下措施：

1. 缓和阶级矛盾和民族矛盾

三藩之乱平定后，康熙帝将清初制定的圈地、逃人、迁海等加剧民族矛盾

盛世与乱世

和阶级矛盾的法令予以废除或放宽。如，康熙二十三年（1684年）宣布开放海禁；二十四年在全国最终停止圈地；二十五年前后松弛了"逃人法"；三十八年（1699年）裁除督捕衙门，使延续六十余年的大规模的"逃人事件"进入尾声。这就使全国的社会秩序渐趋平稳，民族矛盾更趋和缓。

康熙二十年（1681年）初，在清军直捣吴三桂的老巢昆明、稳操胜券的形势下，康熙帝在四月出巡喜峰口外，在原属喀喇沁旗和翁牛特旗的牧地内划地为界，设置了"木兰围场"，兴建行宫，以此联络蒙古各部，使之"咸备藩卫，世笃忠贞"，从而震慑了分裂势力。这也是康熙帝尽力缓和民族矛盾、尤其是改善满蒙关系的一项极为重要的举措。

2. 减轻人民负担，发展生产

康熙帝在平定三藩后，对遭到战争摧残的地区采取了下列减轻人民负担、发展生产的措施：多次下令蠲免钱粮，如将湖南和湖北的康熙十三（1674年）至十七年(1678年)遭受叛军战祸地区的赋税、云南地区康熙二十年(1681年)的夏粮全部免掉；招抚流亡，对回乡的农民贷以生产工具、耕牛、种子；奖励垦荒，对于三藩之乱中大量荒芜的土地采取"招补开垦"的办法，并对荒缺过多的地区暂时"开除额赋"；兴修水利和疏通被堵塞的河道等等。所有这些，对于促进东南、西南地区社会经济的发展，都起到了积极的作用。

在康熙帝采取的一系列发展生产的措施中，他尤为重视的，莫过于治理黄河了。

明末清初，由于连绵不断的战乱，黄河流域水患不息，给河南、山东、安徽、江南等地人民带来无穷无尽的灾难，不但严重影响这些地区经济的发展，而且更直接影响到清廷至关重要的漕粮运输。因此，康熙十六年（1677年），即在三藩战事犹酣的情况下，康熙帝就命令靳辅治理黄河。三藩之乱的平定，更为康熙腾出手来处理河务创造了条件。从康熙二十三年(1684年)至四十六年(1707年)，康熙进行了六次南巡，其中虽有安抚民心、优容文人之目的，但主要还是为了治河。康熙在南巡中，亲自调查研究，勘察河工现场，制订了一套治河的规划。经过广大河工的长期辛勤努力，治河大见成效，此后黄河

二十年无大患。黄河的稳定使清政府得以在新涸出的土地上招民开垦，发展生产，更进一步促进了社会的安定。

上述政策、措施的实行，使整个社会生产很快从战争造成的衰敝状态中恢复和发展起来。据《清实录》记载，康熙九年(1670年)全国耕地为五百二十多万顷，人丁为一千九百多万；康熙末年耕地达八百五十万顷，接近了明代的最高水平，乾隆初年人口激增至一亿四千五亿。这都表明了农业和手工业生产的发展，促使社会经济更加活跃，提高了人民的生活水平。

有清一代，中国统一的多民族国家得到进一步巩固和发展，中国辽阔的疆域版图得以奠定和确立。清政府在东至库页岛、台湾，西跨葱岭、至贝加尔湖，南抵南沙群岛，北达西伯利亚的广阔版图上，实现了以往任何一个封建王朝不曾有过的长期有效的统治，这对中国的历史进程与文明发展作出了巨大的贡献。清朝的有效统治不仅抵制了西方早期殖民主义势力的入侵，而且对中国境内各民族经济文化的交流和发展，起到了积极的作用。康熙帝平定三藩，既维护了国家的稳定与统一，也为即将到来的"康乾盛世"奠定了雄厚的基础。因此，平定三藩在中国历史上的重大作用和影响是不可低估的。

文景之治

　　文景之治是指中国西汉汉文帝、汉景帝统治时期的盛世。文景时期，重视"以德化民"。文帝、景帝奖励农耕、劝课农桑，提倡节俭，并以身作则。当时社会安定，百姓富裕。到景帝后期时，国家的粮仓丰满殷实，新谷子压着陈谷子，一直堆到了仓外；府库里的大量铜钱，因多年不用，穿钱的绳子都烂了，散钱多得无法计算。历史上称这一时期的统治为"文景之治"。

一、汉初岁月与黄老之学

刘邦建立了西汉王朝，可是连年的战争，使人民生活在水深火热之中，生产和生活无法正常进行，社会动荡不安。汉初上层领导集团为了扭转这种局面，稳固自己的统治，于是崇奉黄老之学，努力推行清静无为的政治方针。实行轻徭薄赋、与民休息、宽刑简政，从而避免苛烦扰民，使社会生活在自然的状况下得以安定。此政策的推行确实收到了理想的效果，使得社会安定、生产发展，财富逐渐增多。但随着时间的推移，到文帝、景帝时，无为而治引起不少新的

社会问题。最明显的就是诸侯王势力恶性膨胀，终于酿成了吴楚七国之乱。同时对匈奴的和亲政策，虽带来了缓和的局面但并不能阻止其侵扰，所以后来才有了汉武帝出击匈奴。而汉初的政策与秦的暴政和当时的社会现实有关。

在中国的历史长河中，秦王朝是第一个统一多民族封建制国家，可是由于其残暴的统治使得人们纷纷揭竿而起，最终在汹涌的起义浪潮中被推翻了。此后出现的以西楚霸王项羽为首的楚军和以汉王刘邦为首的汉军，展开了长达四年的争夺天下的战争。在战争初期，刘邦的军队无论是数量上还是战斗力上都明显处于下风，可是刘邦胸怀大志，做事不拘于小节，善于发现人才，并能够委以重任，在战争过程中逐渐扩大了自身实力。最后刘邦终于战胜了称雄一时的西楚霸王项羽，天下又归于统一，建立了西汉王朝。

刘邦建国后不久就于公元前195年在长乐宫驾崩，享年62岁，被尊为汉太祖高皇帝。刘邦死后，太子刘盈继位，是为汉惠帝。惠帝即位时仅17岁，而且为人仁弱。刘邦曾因其不像自己，几次想要废他，改立宠姬戚夫人之子刘如意，由于吕后和大臣们的力争，才没有执行。刘盈即位后，实际朝政大权都在太后吕雉手中。吕后有强烈的权力欲，刘邦死后，她同亲信审食其合谋，秘不发丧，企图将刘邦手下诸将全部杀掉。有人听到这个消息后告诉了郦商，郦商去见审

食其，说："我听说皇帝已经死了，而且四天都没有发丧，是因为吕后想要诛杀朝廷重臣。陈平、灌婴等将领率十万人马守荥阳，樊哙、周勃率二十万坚守燕代，听说皇帝驾崩了，而且还要诛杀大臣，他们肯定会联合起来，攻打汉中的。"吕后觉得郦商的话有道理，自己的实力尚不足以尽杀诸将，这才中止计谋，为刘邦发丧并大赦天下。吕后为独揽朝政，彻底除掉有可能与刘盈争夺皇位的隐患，首先动手将曾受宠于刘邦的戚夫人砍掉手脚，戳瞎她的双目，熏哑她的嗓音，成为"人彘"，同时又将其子赵王如意召入京师，用毒药毒死。吕后把她的家侄吕禄、吕产等封为王，吕氏及其亲信从此执掌了朝廷内外的军政大权。汉惠帝做了七年名义上的皇帝，于公元前 188 年忧郁而死。惠帝死后，吕后又先后立了两个小皇帝，没过多久就都被废掉了。从公元前 187 年到公元前 180 年，朝廷无皇帝，实际的皇帝就是吕后。

汉初最高统治阶层主要由三大集团构成：宗室刘氏集团、外戚吕氏集团、功臣集团。刘氏以天下唯己有，非刘氏不得王。刘邦死后，吕后连杀赵王、燕王，而以诸吕代之，又四分齐国以削弱其势，所以刘氏与吕氏之间的矛盾尖锐。刘邦死后，吕后曾想尽杀功臣，吕后临终又将中央行政和军政大权由功臣之手转到吕氏集团之中，所以吕氏集团与功臣集团也有矛盾冲突。公元前 180 年吕后一死，冲突随即爆发。吕禄、吕产怕为大臣所制，就先发制人，调集军队，想胁迫大臣，假托天子之诏以令天下。朱虚侯刘章之妻是吕禄之女，因而得知吕氏计谋，就秘密派人去见其兄齐王刘襄，让其发兵西进。朱虚侯刘章及其弟东牟侯刘兴居欲联合诸大臣，在长安为内应。吕禄、吕产听到齐王起兵的消息后，不敢离开皇宫亲往迎敌，只得派大将军灌婴率兵前往迎击。灌婴到达荥阳后就屯兵不进，派人与齐王和其他诸侯王联系，要联合起来共诛吕氏。在长安城内，太尉周勃、丞相陈平、朱虚侯刘章等经谋划，诱骗掌管北军的上将军吕禄交出兵权，而授以太尉周勃。周勃掌握了北军之后，派刘章率兵千人入未央宫，名义上说是保卫皇帝，实际上是让刘章伺机杀相国吕产。刘章入宫后，当机立断，杀死了吕产。随后又派人杀死吕禄和吕后的妹妹，捕拿吕氏族人，不分男女老少全部杀死。此后，周勃、陈平等大臣控制了长安的局势。

诛灭吕氏集团后，朝中大臣秘密商议

政局，认为汉少帝不是惠帝之子，又是吕氏所立，不如视诸王最贤者而立为皇帝。有人提出立齐王刘襄为帝，但多数大臣不同意。因为刘襄的母亲非常恶毒，吕氏刚刚乱了天下，如果又立齐王为帝，其母就会成为第二个吕氏。群臣认为代王刘恒是理想的人选，因为刘恒的母亲薄氏老实厚道，刘恒本人又以贤圣仁

孝而闻名于天下。而且此时刘邦的儿子活在世上的仅有代王与淮南王，而代王又比淮南王年龄大。只有立刘恒为帝，大臣们的权力和地位才能不受到威胁，天下诸侯王也没有反对的理由。于是派人迎代王刘恒入长安未央宫，承继大统。他就是历史上有名的汉文帝。

黄老之学形成于战国，其学说吸收道家创始人老子的无为思想，主张实行无为而治。黄是指黄帝之学，老是指老子的学说，这是先秦道家学派中的两个支派。反映老子思想的著作就是《老子五千言》。黄帝之学形成于战国时期，其中《十大经》《经法》《称》《道原》四篇为黄帝之学的代表著作。老子之学与黄帝之学的主要区别在于，老子仅讲道，黄帝不仅讲道，也讲刑名法术。汉初把二者杂糅在一起，成为黄老之学。这个黄老之学的重要特点，就是要在肯定新建立的统治秩序和已形成的君臣上下关系的前提下，实行无为而治。与老子"无为"的目的在于实现"小国寡民"的社会状态不同，黄老之学的"无为"，是一种维护封建统一国家的政治思想。

汉初之所以选中黄老之学作为基本统治思想，表面上是对秦朝暴政的反思，而根本原因是当时的社会现实。汉初的天下，满目疮痍，一派凋敝惨景。长期战乱之后，土地荒芜，人口锐减，汉初的人口只有秦时的十之二三。面对这样一个残破的社会局面，任何人要想维持自己的统治，都必须给社会一个休养生息的机会。因此，汉初统治者以清静无为的黄老思想为统治思想，不但是必须的，而且也是极易为整个社会所接受的。

汉初提倡黄老思想的主要人物是曹参。曹参是沛县人，在辅佐刘邦打天下的过程中，身经百战，屡立战功。刘邦称帝后，曹参被封为平阳侯，食邑万户，被派往刘肥的齐国为相国。曹参在秦时是个狱吏，虽说有点文化，但并无治国治民的经验。为了治理好齐国，他尽召长老诸先生，求教治国安民的办法。齐地的老先生有数百人，而且所说的都不一样，曹参不知该听谁的。后来听说胶西有一位盖公，善治黄老之学，便派人以厚礼去请。盖公认为："治道贵清静

盛世与乱世

而民自定。"曹参采纳了他的建议，在齐国为相九年，齐国人民安居乐业，曹参亦被称为贤相。

汉朝相国萧何死后，按刘邦生前的遗嘱，由曹参接替萧何为汉相国。曹参继续推行清静无为的政治主张。汉代另一位极力提倡黄老思想并非常有影响的人物是窦太后。窦太后本是汉文帝的皇后，汉景帝时为太后，一直到汉武帝当政六年后才死去，左右政局达四十余年。她强令景帝及窦氏子弟都读《黄帝》《老子》，并尊其术。由于她的提倡，黄老思想更加风靡，甚至贵族妇女们也以言黄老为时髦。

高祖曾让陆贾总结秦亡教训，陆贾撰《新语》十二篇，其中大力提倡无为而治、与民休息。刘邦接受了这一原则，采取与民休息的政策。但在刘邦统治的数年中，朝廷忙于封王、废王、东征西讨，对为政方面顾及甚少。明确以"无为而治"作为一种施政原则是从惠帝时开始的。汉惠帝、吕后当政时，身边有一批鼓吹和信仰道家学说的近臣，拜曹参为相，曹参推行"举事无所变更"，于是"无为而治"的道家思想就顺理成章地被奉为指导思想。到景帝时，窦太后"好皇帝老子言"，黄老学说在汉初政治舞台上占据统治地位，盛行了半个多世纪。从惠帝至景帝这段时间，统治阶级有意识地推行"无为而治"和贯彻"与民休息"的政策，这是道家思想在政治上的运用。不过，它不是一般的道家思想，乃是"老""庄"之学和"黄帝之学"的结合。所以，历史上都把这一时期的政治称为"黄老政治"。汉初实行的"黄老政治"既不同于法家实行的一味的严刑酷罚，也不赞成儒家的繁文缛节。所谓"无为而治"，乃是立足于"无为而无不为"的原则。所以，其为政"宽缓"并非放弃刑罚，"与民休息"更不是否定对人民的剥削，只是把刑罚和剥削限制在社会可以接受的范围内，从而使人民得以休养生息，达到恢复和发展生产的目的。黄老政治表现出它自身的特点："顺民之情与之休息。"皇室带头躬身节俭，轻徭薄赋，奖励农耕，轻刑慎罚。文帝、景帝时期，由于清静无为，国家少事，政治清平，赋税徭役较轻，社会经济得到较快的恢复和发展，人民生活都有了显著变化，呈现一派繁荣景象。

二、文帝即位步履艰辛

刘邦生有八子，只有次子刘盈为吕后所生，后继位为汉惠帝，却不幸早逝。吕后为了掌权，对其余诸子大加迫害，有四人为其所害。到吕后逝世时，刘邦的儿子中只剩下淮南王刘长和代王刘恒。刘恒的母亲薄姬，自从刘恒出世之后，

就过着被冷落的日子，使得薄氏谁都不敢得罪，逢事多加考虑，处处谨慎小心，刘恒也就在朝臣的眼里留下了一个"贤智温良"的好印象。公元前197年，经萧何等朝臣举荐，7岁的刘恒被封为代王。刘邦晚年，后宫争宠之风愈演愈烈，那些曾经得宠的妃子，后来都遭吕后幽禁，并施以各种残虐的手段。薄姬一贯安分守己，又不是受宠的妃子，终算死里逃生，没有遭到吕后的毒手。从此她跟着儿子去代国，在边地过着宁静的生活。刘恒自8岁立为代王，一直以来，也安于边地诸侯王的地位。他没有过多的奢望，却避开了萧墙之祸的牵连，称得上因祸得福。后来吕后逼死赵王刘恢，曾经派人告诉刘恒，准备将他封为赵王。刘恒深知吕后的为人，委婉地谢绝她的"恩宠"，表示"愿守代边"。宫廷残酷的权力之争，使这位边地诸侯王如惊弓之鸟，一直保持着几分警惕性。

吕氏死后，宫廷发生变乱，太尉周勃、丞相陈平诛杀诸吕，控制了朝政。此时，大臣们开始筹划皇位的继承人。大家认为当时的小皇帝刘弘根本就不是汉惠帝后代，不宜保留；齐王刘襄虽说是高皇帝的嫡长孙，但因为其母是恶人不能立。权衡来去，最后认为"代王是现存高皇帝儿子中年龄最大的，为人仁孝宽厚。太后娘家的人谨慎善良。而且立长子本来就名正言顺，再加上他的仁孝名声天下都知道，是最合适的人选"。

同年九月，周勃、陈平等朝中大臣秘密派使者去代郡，迎接刘恒到长安去当皇帝。但是他同样不肯冒风险，于是刘恒召集僚属商议。郎中令张武认为，朝廷里的大臣，都是高帝的大将，他们懂兵法，善于玩弄权术，恐怕这是以迎

盛世与乱世

立代王为名，实际另有阴谋。他建议刘恒称病不去，等探明真实情况再定。中尉宋昌的意见则相反，力主刘恒入朝。他列举刘邦统一天下，汉家政权难动摇的事实，说明刘氏统治天下不可逆转。所以诸吕谋乱，周勃一呼百应，天下民心同归。如果现在大臣有人谋反，同样不会有好结果。况且朝廷内外、全国各地，都由刘氏子弟控制。大臣迎立代王乃是民心所向，劝刘恒不必多心。最终刘恒决定派他的舅舅薄昭先去长安见周勃，探清事情的真相。薄昭从长安回来，知道这都是事实。刘恒的疑团解开，并令宋昌和张武等六人跟随他前往长安。代王一行到达高陵，距离长安仅数十里之遥。他们又停下来观察长安动向，还派宋昌入朝探听虚实。宋昌来到渭桥，见丞相以下的大臣都在等候迎接代王，就赶回高陵报告。代王驰至渭桥，只见群臣全部跪倒在地，迎接代王。这时，太尉周勃表示有话奉告，愿避左右，在一旁的宋昌立即回绝说："要讲的是公事，就当着公众讲；要讲的是私事，王者是大公无私的。"一方神经紧张，唯恐遭遇不测；一方被当面回绝，处境十分尴尬。周勃碰壁之后，便奉上皇帝玉玺。刘恒没有接受，说："这事到代邸再作商量。"那不和谐的气氛才稍稍缓和几分。刘恒到达长安时，没有立即入宫，先住在代王的官邸里。那些诛诸吕的功臣，都跟随来到代邸，并请代王即皇帝位。刘恒在群臣拥戴下终于即皇帝位，入主未央宫，当夜拜宋昌为卫将军，接管南北军；又以张武为郎中令，主管宫内宿卫侍从诸事，以防事变。这位边地诸侯王，从此改变身份，成为汉家第四位皇帝。他就是历史上的汉文帝。

　　具有传奇色彩的入朝继位，既使刘恒受宠若惊，又不得不如履薄冰，因为他仅带六人入朝取得帝位，这本身就预示着前景多艰，摆在他面前的并非是一条平坦的大道。汉文帝即位之后，为了收买人心，培植自己的势力。首先封赐诛诸吕的有功之臣。其中对周勃、陈平、刘章、灌婴等人，封赐尤厚。公元前179年十月，以周勃为右丞相、陈平为左丞相、灌婴为太尉，组成新的汉廷中央。随刘恒入朝的官员，有的官至列卿。此外，对那些诛灭诸吕的功臣，还给予封邑赐金的奖赏。除了保留旧有的诸侯王之外，又立一批新的诸侯王。如同年十二月，立原赵幽王之子刘遂为赵王，徙封原琅琊王刘泽为燕王。后来，又立刘遂之弟刘强为河间王、朱虚侯刘章为城阳王，等等。

刘恒即位不久就下达诏书说，大批列侯居住京师，不仅要消费大量财富，给运输供应造成沉重负担，而且也使他们没有办法"教训其民"，因此命令列侯都要回到自己的封国里去，有官职在身不能离开或朝廷特许留住的，也要把太子遣送封国。这是一道对上层人物关系重大的命令，遇到了相当大的阻力，诏

书下达一年之久不见行动。刘恒有些恼火，再次下诏说："前时诏书要列侯回到封国，却大都托辞不走。丞相是我所器重的人，请他为我率领列侯到封国。"列侯们除了爵位以外，还想在京师寻找到有权力的职位，所以托辞不走。刘恒要丞相带头到封国，以此挡回列侯们不受器重的怨言，表明他这样做不仅是治国的需要，而且也是对列侯们的真正器重。于是免了周勃的丞相，周勃逼不得已回到了他的封地绛县。然而，刘恒让列侯归国这一措施，确实也是要处理一批他所不器重或不放心的人物，以此巩固他的地位。周勃就是其中的一个，他是发动政变诛灭诸吕、拥戴刘恒当皇帝的第一号首领，刘恒确实感激他，给予他最高的奖赏。但他对周勃却心怀畏惧，在他即位后，并没有打算改变周勃太尉的位置，丞相仍由陈平担任。陈平是谋士出身，一向谋虑深远，他感到自己与周勃之间失去了平衡，处于危险地位，托病不出，坚持要求把周勃的位置排在自己之上。刘恒只好把丞相职位一分为二，要周勃任右丞相，位居第一；陈平任左丞相，位居第二；空出的太尉一席，由将军灌婴填补。周勃功高权大，当时的郎中袁盎向刘恒指出，对周勃过分谦恭使得"臣主失礼"。这时有人对周勃说："你诛吕氏、立代王，威震天下，受重赏、处尊位，得宠已极。长此下去势必引祸及身。"周勃猛然意识到问题的严重，立即"请归相印"，刘恒毫不迟疑地答应了。周勃当右丞相前后只有一个多月。辞相一年后，丞相陈平去世。因无其他合适人选，刘恒又让他当了丞相，复职后十个月，又以列侯归国的名义把他免了职。

刘恒继位三个月之后，臣僚提出预立太子问题，汉文帝遂立长子刘启为太子。这样，自汉高祖以来，预立太子，就成为汉家的定制。刘启被立为皇太子，他的生母窦氏也被立为皇后。这位窦皇后出身寒微，父母早亡，兄妹三人相依

为命。吕后时期，窦氏以良家女被选入宫，后来吕后遣送宫女，分赐诸侯王，窦氏属于被遣送之列，被分配到边远的代国。不料窦氏到了代国，却深得代王的宠爱，从此她平步青云，一跃成为代王的宠妃。后来代王的王后以及王后所生四子，都先后死去。因此，文帝即位数月，遂立窦氏为皇后，立其子刘启为太子，少子刘武被封为梁王，女儿为馆陶长公主。这些入主汉宫的新主人，从薄氏、刘恒，到窦氏，在汉廷并无雄厚的政治基础。刘恒仅仅凭借为人"宽厚"以及母家"谨良"的条件，依靠一批老臣的拥戴而登位，但是他所面临的，却是不断壮大和日益骄横的诸侯王势力，国家财政困难也亟待解决。换言之，刘恒登位伊始，汉初的社会经济以及政治上都孕育着危机。而迅速扭转国家财力不足的局面，与政治上解决诸侯王势力膨胀发展的问题，两者既密切相关又存在着矛盾。对这位"宽厚"的皇帝来说，这无疑是一场严峻的挑战。

文景之治

三、虚心纳谏与民休息

　　汉文帝即位之时，汉代所存在的社会问题依然复杂多难。虽然经过二十余年的休养生息后有所扭转，出现"衣食滋殖"的状况，然而社会经济尚未根本好转。不仅国家财力不足，而且人民生活还相当困苦。造成这种贫困的状况，是"一人耕之，十人聚而食之"，农民遭受残酷剥削，同时淫侈之风日益严重，

以及社会本末倒置，根本不注重农业生产。这表明汉初一度缓和的农民与地主之间的矛盾，到文帝时期又逐渐趋于表面化。另一方面，汉朝统治集团内部的矛盾和斗争也日益加剧。继吕后排挤各刘姓诸侯王和平定诸吕作乱之后，汉文帝即位之初，又有济北王刘兴居起兵反抗汉廷中央，表明诸侯王势力的发展，正日益转化成为汉朝的对立面。汉统治集团内部相互残杀，正逐渐重蹈秦朝败亡的覆辙，潜伏着政局不稳的危机。文景时期的政治经济形势正面临旧的社会问题还没有根本解决，新的社会矛盾又日趋尖锐的复杂情况。在汉代的历史上，这是一个承前启后的重要时期，成败将决定汉王朝的命运。

　　文帝即位那年，面对纷繁复杂的社会问题，他重用谋臣贾谊，并命其总结秦王朝灭亡的历史教训。于是贾谊作《过秦论》，称："前事之不忘，后事之师也。"把安民视为治乱之本。针对社会形势发展的要求，汉文帝在位二十三年，一直采取清静无为的统治方针，以黄老之学作为指导政治的主导思想，大力推行无为政治。在他即位不久，就接连下了两道诏书。第一道诏书说："在春季要到来的时节，连草木和各种生物都有它自己的快乐，而我们的百姓中鳏寡孤独、贫穷困窘的人，有的已经面临死亡，而为人父母的不体察他们的忧愁，还干什么呢？要研究出一个赈济的办法。"第二道诏书说："年老的人，没有布帛就穿不暖，没有肉就吃不饱。如今正当岁首，不按时派人慰问年老的长者，又没有布帛酒肉的赐予，将用什么帮助天下的儿孙孝敬赡养他们的老人呢？现在听说官吏给贫饿老人发放饭食，居然用陈谷子，难道这符合赡养老人的本意吗？

要制定相关法令加以约束和规定。"官府根据诏书给各县下达了下列法令："年80岁以上，每人每月赐米一石，肉二十斤，酒五斗。年90岁以上，每人另加帛二匹，絮三斤。所赐物品，由县令过目。郡太守派都吏巡行各县，进行监督发放。"这两道诏书的下达，初定了汉文帝统治时期的基本政治倾向。

在处理君臣关系方面，文景时期多取谦让宽容，以礼相待的态度，并且能够虚心纳谏，因而形成一种比较清明的政治空气。这对于稳定政局至关重要，也是推行清静无为政策的重要条件。汉文帝即位不久，就下诏令"举贤良方正、能直言极谏者，以匡朕之不逮"。每次上朝时，郎、从官上书疏，未曾不止辇受其言，可谓从谏如流。汉文帝重申废除"诽谤、妖言罪"，也是为了广开言路，为了听取别人的建议，改掉自身的缺点。

有一次刘恒走进郎署，与署长冯唐闲谈，知道冯唐祖上是赵国人，父亲时住代郡，而他自己曾为代王，就对冯唐说，在当代王时，厨师上饭时说战国时赵国有个将军叫李牧，很能打仗，后来每吃饭时就想到这个李牧。他问冯唐知不知道李牧这个人。冯唐说："赵国的将军中著名的是廉颇和李牧。"接着又讲了廉颇和李牧的许多事迹。刘恒越听越高兴，拍着大腿说："唉呀，我要是有廉颇和李牧那样的将军，就不用担心匈奴了。"冯唐却说："陛下就是得到廉颇和李牧，也是不能用的。"刘恒很生气，过了一会儿，又问冯唐："你怎么知道我不能用廉颇、李牧呢？"冯唐说："廉颇、李牧之所以能打胜仗，是因为赵国君主充分信任他们，给他们自主权力，不干涉他们的具体事务，只要求他们打胜仗。而现在魏尚当云中郡太守，优待官兵，打了很多胜仗，匈奴不敢接近云中，却因上报战功时交的敌人首级比他报的数字差六个人头，陛下就把他罢官、削爵、判刑。立了大功不受赏，出了小错受重罚。所以说就是得到廉颇、李牧，也是不能用的。"刘恒听了觉得很有道理，当天就赦免了魏尚，恢复他的云中太守职务，并任命冯唐为车骑都尉。

张释之是个严格执行法律的官吏，他以不阿谀逢迎、敢在汉文帝面前据理力争而著名，文帝任命他为廷尉。有一次，文帝出行到中渭桥，被一个行人惊了拉车的马。惊了皇帝的车马叫做"犯跸"。于是此人被抓来交

由廷尉处理，张释之查清案情，此人听到车马声音，远避不及，而躲在桥下，过了好一会儿，以为车马已过，却不料出来恰巧碰上了皇帝的车马，撒腿就跑，车马被惊。按法律规定，这种情况要"罚金四两"，张释之就这样判决了。刘恒非常不满，很生气地说："这人惊了我的马，幸亏我的马温驯，要是别的马，不就伤了我吗？廷尉却只判了个罚款。"张释之说："法律是天子和天下人共同

遵守的，现在法律就是这样规定的，要判重了，会使法律在人民中失去威信。当时要是就地把这人杀掉，也就罢了。现在既然交给廷尉处理，而廷尉是天下司法的标准，一有偏差就会使天下的司法官丢开法律随意处罚。因此只能严格按律判决，希望陛下体察。"过了好一会儿，文帝才说："廷尉是对的。"这件事说明当时一些重要的执法官员能够以公正为原则，而汉文帝以天下之尊，也能够虚心纳谏。

中国自古以来都把重农抑商奉为基本国策，汉文帝也认为："农业，是整个汉氏天下的基础，同时也是人民生活的保证。"为了刺激农业生产的恢复和发展，他曾"开籍田，亲率耕，以给宗庙荣盛"。他采纳"贵五谷而贱金玉"的主张，实行以粮食换取爵位或赎罪的政策。他曾多次下诏劝课农桑，还在农村乡里设"力田"之职，作为最基层的农官，经常和"三老""孝悌"同样得到政府的赏赐。西汉王朝以这样的方式鼓励农民发展生产，取得了明显的效果。在汉文帝时代，直接从事耕作的农民的负担得以减轻。公元前178年和公元前168年，朝廷曾经两次宣布将租税减为三十税一。公元前167年，朝廷还宣布全部免去田租。三十税一成为汉代的定制。汉文帝时代，算赋也由每人每年120钱减至40钱。减免的田租，主要受益者当然是拥有大片土地的地主，但自耕农的负担也相对减轻。封建政府从土地和其他方面取得的收入，比起后代来数量少得多，赋税收入比起秦代的竭泽而渔式的压榨，更不可同日而语了。

西汉初年，政府比较清醒地认识到当时的社会形势，一改秦时徭役繁重之苛政，对征发兵役和徭役有所控制。当时的徭役主要与修建土木工程和战争有关，所以为了减轻人民的徭役负担，朝廷便尽量少兴土木、不发动对外战争。文帝在位时期虽然有几次征发农民修筑长安城，但每次都不会时间太长，即不超过一个月，而且都选在冬季农闲时候进行。同时为了避免胡乱征发，汉文帝

盛世与乱世

时调用民力十分有限，劳役人员来自长安六百里内，人数最多十四万六千人，工期也以三十日为限。

　　汉文帝时，徭役征发制度又有新的变革，把男丁徭役由一年一事减为三年一事。公元前155年，朝廷把秦时17岁傅籍，即正式成为征发徭役对象的制度改为20岁傅籍，而著于汉律的傅籍年龄则是二十三岁。公元前149年诏令诸侯王丧葬，包括开掘墓坑、修治墓地及送葬等事，征用民役不得超过300人。汉初统治者实行与民休息的政策对稳定社会秩序、恢复和发展农业生产无疑是有积极作用的。

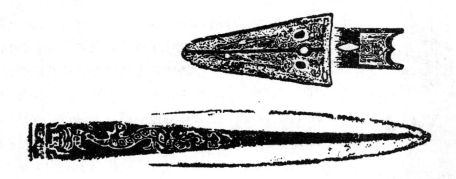

四、躬亲节俭宽刑简政

据说在汉初经济恢复阶段，当时皇帝乘车不能驾着同样毛色的马，有的将相甚至不得不乘坐牛车。于是汉初的几代皇帝和皇室，多注意节俭，一反秦代皇室穷奢极欲的奢华作风。从汉高祖刘邦开始，就注意到这个问题。到惠帝以后，在"黄老政治"的影响下，几代皇帝和皇室都比较注意节俭。惠帝、吕后

及景帝皆无过分铺张豪奢之举，形成节俭的风气，尤以文帝为甚。文帝大力提倡节俭，并且身体力行，为天下先。汉文帝不论在国事开支方面还是他个人花销方面，都精打细算，简朴从事。他严令各级官吏要"务省徭费以便民"。在刘恒当皇帝的二十三年中，宫室、苑囿、狗马及各种装饰器物都无所增加。他曾计划造一露台，供自己欣赏游玩之用，于是命令工匠计算成本，结果是大约要花费百金。刘恒觉得花费太高，对臣下说："这相当于十户中等人家的财产。我居住在先帝营造的宫殿中，已经常常感到惶恐羞愧，为什么还要建造新的露台呢？"于是作罢。文帝就连穿衣也非常朴素，身为天子，常穿的却是粗糙的黑色绸料的普通衣服，他所宠幸的妃子也不许穿拖到地面的长衣，帷帐不准用带有绣花的贵重丝织品，以免带起奢侈浮华的风气。每逢灾荒之年，汉文帝往往令诸侯不必进贡，又开放属于皇家所专有的山林池泽，使民众能够通过副业生产保障温饱，度过灾年，扭转经济危局。汉文帝还宣布降低消费等级，精简宫中近侍人员，以减轻社会的负担。文帝为自己修建的霸陵，也要求从简，都是用瓦器建造的，不得以金银铜锡为装饰，随葬品使用陶器。因为其陵墓以自然之山势，陵上地面不筑封土，以求俭省，不致烦扰民众。临终时，他在遗诏中又重申薄葬的意愿，并且具体规定了减省葬祭之礼的内容。

汉初的法律比较简单，刑罚也比较轻简。刘邦入关中时"约法三章"，建立统一的西汉王朝之后，丞相萧何作《九章律》，成为西汉法律的基础。在汉初几十年中，统治者在黄老思想的指导下，继续约法省刑，以无为化天下。省去了

那些妨碍人民正常生产生活的法令，统治者还不断地对秦的"苛法"加以淘汰，同时还不断宣布免罪、赦死等诏令。当时秦法规定，如果一个人犯罪，他的父母、兄弟、姐妹、妻子和子女都要连坐，重者甚至处死，轻则为官府奴婢。汉文帝废除了这一法令。

汉文帝曾与臣下两次讨论刑罚问题。汉文帝说："我听说，法律公正，人民就会诚实，判罪恰当，人民就会服从。而且，管理人民，引导人民走正道不犯法的是官吏。要是既不能引导人民走正道，又用不公正的法律去治罪，这种法律反而要祸害人民，造成残暴行为，我看不出它的方便，应该再作考虑。"于是在公元前178年，陈平、周勃宣布废除有关连坐的一切法律条文，使有罪的按法律治罪，没有罪的不受牵连。

针对当时肉刑过滥的现实，汉文帝于公元前167年，给御史大夫下令废除肉刑，用别的刑罚代替，他说："要做到使罪人各按罪行轻重，受到相应的刑罚，而不逃亡，满了刑期，就解除刑罚当平民。"丞相张苍、御史大夫冯敬根据这个诏令制定了一个取代肉刑的法令，经文帝批准于当年颁布。

关于臣下、庶民与皇帝的关系，过去的习惯总是错在下而功在上。即使皇上不好也不能说，否则就犯了"诽谤妖言罪"。如果碰上大的祸患，祭祀时就说皇上是英明的，都是臣下不好，这叫"秘祝"。老百姓诅天骂地，因天与天子、皇上连带，所以也就犯了"民诅上罪"。文帝统统废除了这些罪状，还针对这些问题提出了自己的主张。他在诏书中说："古代的时候治理天下，朝廷设立进善旌、诽谤木。以此寻求好的治国方法，招来进谏的人。现在法律中规定了诽谤妖言罪，这会使群臣不敢讲真话，使君主没法知道自己的过失。用什么办法把远方的贤良之士招来呢？祸是由怨恨导致的，福是由做好事得来的。百官的错误，是由于我没有把他们引导好。现在秘祝官把过错推到臣下身上，这更使我的德行不好，我很不赞成，不准再搞秘祝。"从而废除了诽谤妖言罪。

公元前165年，他又诏令诸侯王公卿及地方行政长官推荐品学贤良能直言极谏者，亲自策问，接受其合理的政治建议并且予以任用。

汉文帝废除秦朝酷法，其中主要的是废除肉刑。公元前167年，齐太仓令淳于公犯了罪要受到惩罚，被押送长安狱中。他的小女随父亲来到京师，并上书汉文帝，表示愿意变为官府奴婢，以赎其父的刑罪。汉文帝对此种做法非常感动，于是下令废除肉刑。所谓"废除肉刑"，实际是改为笞刑，但是由于笞数太多，受笞致死者屡见不鲜，因此用笞刑代替肉刑的做法，别人称为"外有轻刑之名，内实杀人"。由于改笞刑太重，景帝即位后，不得不一再减刑。公元前 156 年，他下令笞五百减为三百，笞三百减为二百。尽管如此，受笞者死在笞下的现象，仍然时有发生，于是公元前 144 年，再次下令笞三百减为二百，笞二百减为一百，对施刑的方法及所用的刑具，都作了具体的规定。在量刑断狱方面，文景时期也相对放宽。

　　从总的情况看，文帝、景帝时期的刑罚，与秦朝的苛法严刑相比，显然轻简了很多，与惠帝高后年间比较，也更趋于放宽。但是汉律作为统治工具，在文景时并未束之高阁。当时的"法治"与"德治"，始终并行不悖，对维护西汉的稳定起到了极大的作用。

盛世与乱世

五、景帝为政富安天下

汉景帝刘启是西汉开国皇帝汉高祖刘邦之孙，文帝刘恒之子。刘启在父亲为代王时生于代国，母亲为窦姬。在代王刘恒入京做皇帝前后，代王王后及其所生四子相继病死，刘启成为文帝长子。公元前179年文帝立刘启为太子、其母窦姬为皇后。公元前157年汉文帝病逝，32岁的刘启即位，是为汉景帝。

汉景帝即位后，继续奉行文帝的治国方针，保持安定局面，发展生产，休养生息。在经济上，汉景时期实行强本节用、轻徭薄赋的政策，用以恢复和发展社会生产，解决国家财力不足问题。尤其是发展农业生产，成为当时一项紧迫的任务。农业在汉代的经济结构中，占着主导的地位，是汉王朝的主要财政来源。汉初经过几十年的休养生息，虽然社会经济有所恢复，但是农民贫困的状况却没有得到根本改变。汉景帝时期，谋臣晁错在《论贵粟疏》中，曾经描述了一般自耕农的生活状况。当时，一个五口之家的自耕农，耕地不过百亩，收粟不过百石。这是两个约数，有的自耕农，恐怕还不及此数。则五口之家每年用粮共九十石，余下十石交纳田租、口赋、算赋、献钱、更赋，就远远不够了。再加水旱之灾，官家额外摊派，以及高利贷剥削，自耕农只能在贫困中挣扎，或者变卖田宅以偿还债务，甚至四处流亡。自耕农的破产流亡，带来两个直接后果，即土地兼并始终不断以及国家控制的编户之民日益减少。汉代的土地兼并，从汉初以来未曾间断，不仅商人肆意兼并土地，官僚势力也巧取豪夺。除了商人及官僚势力之外，诸侯王亦肆意兼并土地。随着自耕农的不断破产，编户之民日益减少，国家赋役来源锐减，势必造成财政匮乏。封建国家财力不足，汉廷的内外政策受到影响。当时对南越王采取怀柔政策，对匈奴实行和亲，除了安民、避免兵害的因素外，也与汉廷财力不足密切相关。

农民的贫困和破产，自然是编户之民减少的主要原因。而当时背本趋末的现象严重，也是农业人口减少的重要原因。对此贾谊上疏进谏，提出"不重农抑商国家将会无法统治"。他认为，农业关系国计民生，涉及封建国家的兴衰。如果有

文景之治

充足的粮食，不仅可以对付天灾与边患，还可以使天下富足安宁。因此，他主张将从事商业的游食之民，转向从事农业生产。后来，晁错也上疏言农事，强调使民以农为本，打击商贸兼并土地，以解决守边士卒的粮饷，缓和农民与地主的矛盾。他提出当今之务在于使民务农，使民务农在于贵粟，贵粟在于使民以粟为赏罚。

汉景帝即位后不久，了解到了各地农牧资源不平衡，有的郡县缺乏农牧条件，有的郡县却地广人稀，利于农牧。当时政府不许人民迁徙，景帝就宣布允许人民迁徙到地广人稀的地区去发展生产。为了重农抑商，把农民固着在土地上，鼓励他们辛勤劳作，文景时期特别注意减轻赋税，多次颁布减免租税的诏令。文帝十二年下诏免收全部土地税，景帝元年下诏免减田租之半。汉代田租常制是"什伍税一"，即交纳收成的十五分之一；景帝改为"三十税一"，即交纳三十分之一。此后终西汉之世，基本沿袭未改。算赋由每人每年一百二十钱减为四十钱。汉朝初年几次诏令减省租赋，除了因为农业与封建国家的根本利益密切相关之外，也包含着抚恤小农之意。实际上，这是用降低田租税率来刺激自耕农的生产积极性，使自耕农得以维持起码的生产条件，起到稳定自耕农在籍的作用，以保证汉廷赋税来源。其实，田租税率虽然降低了，但是只要收获量增加，封建国家的田租收入同样可以增加。

同时为了进一步刺激农民生产的积极性，汉廷又提出入粟拜爵或免罪。规定入粟六百石拜爵上造，即第二等爵；四千石为五大夫，即第九等爵，一万二千石为大庶长，即第十八等爵；凡入粟朝廷，有罪可以赎免。对于汉廷来说，通过卖爵即可积贮大量粮食，对于农民来说，因入粟而获得高爵或免罪，也是一种获利的方式。汉景帝一直重视农业生产，直到晚年，还不断地强调农桑之本的重要。为了与民休息和发展生产，景帝颇慎使用民力。他在位期间，除为自己修建了一座规模不大的阳陵外，基本上没有兴建其他土木工程。

公元前 158 年 4 月，汉文帝下令"弛山泽之禁"，准许私人开采矿产、利用和开发渔盐资源。从而"富商大贾周流天下，交易之物莫不通"。一时出现商货流通、市场繁荣的景象。可见文景时期的休养生息政策，既强调以农为本，奖励发展农业生产，又活跃流通领域，以发展和繁荣社会经济。但是，文景时期社会经济的发展，又带来了贫富悬殊的分化。一方面，由于封建国家、地方豪强、商人及高利贷的剥削，农民日益贫困而不断破产，从而转化为势家豪富的佃农和雇农，或者变为富商大贾的奴仆。另一方面，社会财富日益集中于官僚世家、地主豪强及商贾手中。这种社会现象，在文帝初期已经存在，到景帝时就更加严重了。表明地方豪强已作为一种社会势力崛起，这是文景期间出现的一种新的社会现象。所以，文景时期的社会经济的发展，既为后来汉武帝实施"雄才大略"提供了雄厚的物质基础，也为西汉中期带来了新的社会问题。

减轻刑罚也是汉景帝比较重视的一项安民措施。文帝曾减轻刑罚，废除了历代相传的肉刑，把肉刑改为笞刑，如当割鼻者改为笞打三百，当断左趾者改为笞打五百，景帝看到笞刑多把犯人打成残废甚至打死，所以一即位就开始继续减轻刑罚。笞刑经景帝几番更改，这才避免了犯人死于刑下。景帝还数次大赦天下，为了避免枉屈无辜，景帝三令五申，强调决狱务必先宽，即使不当，也不为过，并提醒官员不可"以苛为察，以刻为明"，要求判案时尽管依据律文治罪，但若罪犯不服，必须重新评议，一切都要体现宽厚仁慈。

汉景帝时期实行休养生息的政策，另一个重要表现就是继续改革法律。汉初从刘邦到惠帝、吕后，虽说对秦朝残酷的法律进行了一些改革，但仍较严酷。文帝元年，废除一人犯法、家属连坐、罚为官奴的法令。文帝二年，废除"诽谤妖言罪"。文帝十三年，下令废除肉刑，而代之以笞刑。然而笞刑过重，容易使罪人当场死亡。汉景帝也说，笞刑与死刑无区别，即使侥幸不死，也不能正常地起居生活。于是到景帝元年，下令减轻笞刑，例如，原笞五百的改为三百。景帝六年又一次下令减轻笞刑，减三百为二百，减二百为一百。同时还规定了竹板的大小尺寸，只准打臀部。一名罪犯只能由一个人行刑、中间不得更换人，这样受笞刑的人才能保住性命。汉景帝统治时期的许多官员能够执法宽厚，断狱从轻，于是狱事比较清明，刑罚比较简省，这同秦朝统治下的凄惨景象，形成了鲜明的对比。

在思想领域，景帝奉行黄老的无为而治思想，学术上则对诸子采取兼容并蓄的态度，允许各家争鸣。王生是黄老道学大师，常被召居宫内，成为景帝的座上客。景帝在崇尚黄老道学的同时，也很注

文景之治

123

重儒家的教化作用。当时为儒家设立了不少博士官，《诗》《书》《春秋》等均立博士，景帝起用《公羊》学大师董仲舒和胡毋生为博士，这种活跃局面大大推动了儒家的教化和影响。外交上，汉景帝继续采取汉初以来与匈奴和亲的政策。公元前 156 年派御史大夫陶青到代郡边塞与匈奴商谈和亲之事。次年秋

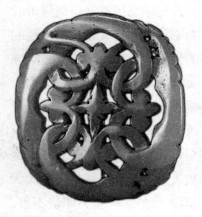

天，又与匈奴举行和谈。公元前 152 年，汉朝遣送公主嫁与匈奴单于。尽管汉匈和亲，但匈奴一方还是时常小规模地入侵汉境。对于匈奴的入侵掠夺，景帝从维护汉匈和好的大局出发，从未进行出兵反击，最多只是增调部分骑步兵屯守防御。为了维护汉匈和睦关系，景帝还在汉匈边界设置关市，互通有无，大大促进和便利了汉匈之间的经济文化交流。这种宽厚的对匈政策，保证了汉朝社会的安定局面，对人民的休养生息起了很大作用。

汉景帝所以能创下"文景之治"的政绩，除了推行一系列的政治、经济、文化、司法、外交政策以外，和他的知人善任、是非分明同样有很大关系。对于一位君主来说，能够识才择贤，固然不易，而能够不以好恶定是非，就更不容易了。

郅都是执法不避权贵的严酷官吏。济南有一豪强氏族，历任郡守无人敢制，景帝拜郅都为济南太守，郅都诛杀该族首恶，一年之后，济南郡成了道不拾遗的清明地界。后来景帝又任郅都为雁门太守，匈奴畏惧郅都，引兵远避，不敢靠近雁门。宁成也是执法不避权贵的严酷官吏。长安居住着许多宗室权贵，胡作非为，京官无人敢管，景帝调宁成为中尉，一举镇住了犯法的宗室权贵。程不识敢于直谏，景帝任他为评议朝政的太中大夫。周仁守口如瓶，景帝任命他为郎中令，作为贴身近臣。汉景帝用人，均力图做到择贤而任，用其所长。

外戚是汉室从高祖时起就很敏感的问题。景帝对此颇能分清彼此，不以偏概全，既不让外戚专权，又能任用确有才能的外戚以适当的官职。窦婴是外戚，吴楚之乱时，景帝考察宗室诸窦，没人超过窦婴，就拜他为大将军，监督各军，窦婴不辱使命。后来窦太后几次让景帝拜窦婴为丞相，景帝没有听取，窦太后颇有埋怨情绪，汉景帝却说："难道您老人家以为我舍不得把丞相这个职位给

他吗？他这个人沾沾自喜，行为轻薄，丞相要老成持重，他难以胜任。"

　　不仅对臣子如此，汉景帝对同胞姐弟以及宫中的嫔妃们也充满了仁爱之心，多能体谅、庇护，避免了许多不必要的冲突。同时，他又是非分明，原则性的问题坚持不放，决不姑息迁就。其中最显著的例子要算对待弟弟的继位和皇后的设立问题，汉景帝的母亲窦太后共生二男一女，景帝刘启为长子，弟弟刘武封为梁王，姐姐刘嫖称长公主，嫁给了陈午。景帝同母兄弟仅有刘武，所以自幼与刘武情同手足，形影不离。刘武封王后，连年入朝，常被挽留京师。一次，景帝设家宴招待梁王刘武，当时朝中还未立太子，景帝喝得高兴，对梁王说："等我百岁之后，把帝位传予梁王。"当时梁王和宠爱小儿子的窦太后听了，并未认真。后来梁王因平定吴楚七国叛乱有功，再加上窦太后的宠爱，便不可一世起来。他建了一处方圆三百多里的东苑，并把国都扩建成为周长七十里的大城，在城内大兴土木，营建宫室复道，出门打着天子旌旗，队伍千乘万骑，简直就与皇帝一样。又多作兵弩弓箭，招揽四方豪杰，羊胜、公孙诡等谋士纷纷投奔梁王。经过这段时间，窦太后和刘武对"传位梁王"的话认真起来，打算让景帝确立刘武为帝位继承人。袁盎和大臣们听到这种风声后，就对景帝揭示这个问题的利害关系，使景帝坚定了帝位必须传子的主张。梁王知道后，不敢再向窦太后说什么，就急忙辞京回国了。梁王回国后，朝中立了太子。不久，梁王病逝。景帝痛惜骨肉之亲，也为了安慰母亲，把梁王的五个儿子都封为王，五个女儿也都封了一处采邑。

　　汉初推行的黄老无为政策促进了农耕生产和社会经济的发展。西汉王朝的国力也因此得到了空前的充实。从汉初经历文景时代至汉武帝即位之初七十年间，国家没有严重的政治动乱，又没有严重的水旱灾荒，于是民间家给户足，城乡的大小粮仓也都得以充满，而朝廷的财政也是大有盈余。国家粮仓太仓的存粮年年堆积，以至于满溢而堆积于露天，导致腐败不可食用。民间大小民户都风行养马，阡陌之间驰游成群。人们竞相逞示富饶，骑乘母马的人甚至不能参与乡间聚会。农耕的发展，使得粮价普遍降低。汉文帝

时，谷价至一石数十钱。文景时代推行的政治方针，使国家安定，经济富实，但是匈奴贵族因为未曾遭到有力的反击，对汉地的侵扰愈益频繁。因为中央政府政策的宽容，一些诸侯王也有与朝廷分庭抗礼的倾向，公元前 154 年终于爆发了史称"吴楚七国之乱"的联合叛乱。西汉王朝凭借文景以来所创造的稳固的政治基底和雄厚的经济实力，迅速平定了叛乱。吴楚叛乱发生于正月，三月即告终结。文景时代的社会进步，是和推行清静无为、与民休息的政策分不开的。它维护社会安定，与民休息，使当时经济稳定地向前发展。这段时期在历史上合称为"文景之治"，是西汉王朝的升平时代。

六、诸侯势大起兵反叛

西汉建立之初，刘邦大封刘氏子第为王，建立许多诸侯国。诸侯王占据了全国大片土地，其中尤以齐、楚、吴三国最大，当时全国大约有五十四个郡，各诸侯国就占三十九个郡，仅齐一国就有七郡。归西汉王朝中央政府统辖的，只有十五个郡。它们在政治上、经济上拥有较大的自主权，具有相对的独立性。这就为汉王朝培植离心力量，埋下了种子，最后发展成为西汉社会的祸患。诸侯王国初立之时，各国经济实力薄弱，一时无力与汉廷分庭抗礼，而且多数诸侯王年龄还小或羽翼未丰，汉廷所派丞相及太傅，基本上能左右王国事务，尚未对中央政权构成威胁。文景时期推行的黄老的无为政治，对稳定政局和恢复经济起了很好的作用。同样为诸侯王势力和地方豪强势力的发展，提供了良好的条件，并起了催化的作用。

经过近二十年的休养生息，诸侯国的经济力量有了比较大的发展。汉文帝时期，这些诸侯王的羽翼已成，迅速膨胀起来，足以同西汉中央政权分庭抗礼，俨然独立于西汉朝廷之外，这就严重地影响了国家统一，削弱了中央集权。于是，以皇帝为代表的中央集权势力，同以诸侯王为代表的地方割据势力之间的冲突，迅速地激化起来。

公元前 177 年，济北王刘兴居起兵叛乱。刘兴居是齐悼惠王刘肥之子，城阳王刘章的弟弟。高后时，刘兴居曾封为东牟侯，宿卫长安。后来大臣诛灭诸吕，刘章居功自傲，希望能够封王赵地，刘兴居欲望不减其兄，也寻思得到梁地。汉文帝即位后，因为当初刘章兄第企图立齐王刘襄为帝，所以只割齐两个郡作为他们的封地，引起他们极大的不满。一年之后，刘章死了。这时正值匈奴入侵河套地区，刘兴居乘机起兵反叛，最后兵败自杀。在诸侯王势力

中，济北王力量不是很强就尚且如此，其他诸侯王就更加无视汉廷的存在了，只是此时矛盾尚未激化。

果然，又过了三年，淮南王刘长也公然反叛汉王朝。刘长是汉文帝的异母弟，刘邦晚年立其为淮南王。刘长骄横跋扈，作恶多端，文帝常常宽恕他。刘长的母亲曾因贯高的谋反案受到牵连，被关押在河内，当时得宠于吕后的审食其不肯救她，刘母最后被迫自杀。公元前177年，刘长入朝，为了报母之仇，在长安杀了审食其。汉文帝再一次赦免他，但是汉朝一再的宽容，却助长了刘长嚣张的气焰。刘长回到封国之后，举动更加肆无忌惮。他不用汉法，为所欲为，甚至仪制等同汉朝。又在封国内自作法令，擅自刑杀无辜，封官赐爵等等。刘长的所作所为，已经把封国变为独立王国。汉文帝无可奈何，让薄昭用书信规劝他，结果刘长更加不满。公元前174年，刘长公然纠集人马，在谷口发动叛乱，并派人与闽越、匈奴取得联系。事情败露后，叛乱迅速被扑灭。当时丞相张苍及其他大臣上书，认为刘长罪当弃市。但是，汉文帝又免他死罪，只是罢去他的封号，将他发配蜀郡。途中，刘长绝食而死。

此外，吴王刘濞利用封国的自然资源，不断扩张势力。他在豫章郡采铜，大量铸造钱币，又利用近海的方便条件，广收煮盐之利，积累了大量的财富。为了收买人心，他免除封国内的赋税，招揽天下亡命之徒，不断发展自己的经济和政治实力。文帝时，刘濞的儿子与皇太子下棋，双方发生争吵，结果被皇太子打死。汉文帝派人将尸体运回吴国，刘濞怒称："天下一宗，死长安即葬长安，何必来葬。"于是又将灵柩运回长安埋葬。从此，刘濞称疾不朝，简直不把汉廷看在眼里。汉文帝干脆赐他几杖，以年老为名，准许他不用朝请。

汉初诸侯王势力的恶性发展，到文景时期，实际上已成为对抗汉廷的分裂势力。朝廷中一些有识之士，深感这一社会病态的严重性，认为到非从根本上解决不可的时候了。梁太傅贾谊就是其中一人。公元前174年，贾谊上《陈政事疏》，指出如今天下的形势，像一个患肿病的人，小腿胖得几乎像腰一般，一

盛世与乱世

个指头就像腿那么粗，平坐不能屈伸，一两个指头疼痛起来，就难以忍受。如不及时救治，必将成为痼疾。因此，贾谊提出分割诸侯王国的领土，缩小诸侯王的封地，以削弱他们的势力。然而，当时汉文帝正用心于稳定政局，恢复和发展社会经济，形势不允许他与诸侯王公开对抗。当时，汉文帝还来不及解决诸侯王势力恶性发展的问题，七年之后就死了，这个社会问题只得留给他的儿子景帝来解决。

汉景帝即位之初，首先面临的国家急务就是如何解除藩王势力对汉室的威胁问题。在此问题上，他充分采纳了晁错的主张。晁错，颍川人，他胸怀大志，博学多才，能言善辩，曾任太子家令。景帝即位以后，任命他为内史，旋又拜为御史大夫，位列三公。对于藩王的问题，他上《削藩策》，主张借诸侯王触犯王法的时机，削减诸侯王的封地。景帝采纳了这个建议，于公元前154年，以各种罪名先后削去楚王的东海郡、赵王的常山郡和胶西王的六个县。他还认为藩王中势力最强大且最危险的是吴王刘濞。刘濞是刘邦之侄，当初刘邦封他为吴王以后，就预计他日后可能反叛，颇有后悔之心，但业已分封，也只好静观其变。

刘濞被封为吴王以后，即收买人心，发展势力，企图有朝一日夺取帝位。到景帝即位，刘濞已经准备了四十年，成为威胁最大的诸侯王。故此，晁错主张先削吴王的封地。他对景帝说："过去吴王因其子死于陛下之手，对朝廷深怀怨恨，诈称有病，不来京朝拜天子，按照古法应当诛杀。文帝不忍加刑，赏赐几杖，允许他不来朝拜，恩德可谓宏厚。吴王不改过自新，反而越发放肆，开山铸钱，煮海制盐，招诱天下逃犯，谋图叛乱。现在削夺他的封地他会造反，不削夺也会造反。削夺，他仓促造反，祸会小些；不削，他准备充分再反，祸患更大。"

晁错又修改有关藩王的律令三十章，一时诸侯喧哗，反响强烈。各藩王自然把晁错视为眼中钉，恨不能食肉寝皮。晁错的父亲也感到儿子大祸临头，特意从家乡赶到京城，劝说儿子。晁错不听，其父服毒自尽。晁错不为所动，仍然力主削夺诸王。

接着，汉朝中央又计划削夺吴王刘濞的封地。刘濞知道"削藩"是汉廷的决策，便决心发动叛乱。他首先派人勾通了楚王刘戊，随后又扮成使者亲自前往楚国面见刘戊，达成叛乱盟约；然后又串通赵、胶西、胶东、淄川、济南的诸侯王秘密谋划。公元前155年，朝廷下诏削吴国之会稽、豫章郡，终于拉开了导火索。吴王刘濞公开举起叛旗，并以"诛晁错""安社稷"这种冠冕堂皇的话为口号，联合各地诸侯王起兵。刘濞首先在广陵起兵，国内14—62岁的男子统统征发，共二十余万人，西渡淮水，与楚兵会合。

当时与吴王联络的诸侯国大都依约发兵，原来曾合谋反叛的齐王，后来反悔而背约守城，结果齐都首先遭到胶西、胶东、济南等国联军的围攻，赵王刘遂一面陈兵赵国西界，等待与吴、楚两军会合，一面派人与匈奴联系，准备连兵西进。吴、楚两军合攻梁国，先破棘壁，杀数万人，气势十分凶猛。如此以吴王为首，卷入叛乱的共有七个藩王，一同向西汉中央政府统治区域进攻，正当军事行动万分紧急的关头，曾任吴相并与晁错有很大过节的袁盎在窦婴的引荐之下，乘机以七国之乱"诛晁错，清君侧"为幌子，对景帝说："晁错削夺诸侯王封地，才引起这场叛乱。只要杀了晁错，赦免吴楚七国，恢复原来封地，叛乱即可平息。"汉景帝为人仁慈，听后沉默未语。他想到晁错与自己交情深厚，又是朝廷得力的栋梁大臣，感到于心不忍，但又想到兵戈一起，将会杀人盈野，血流成河。权衡来权衡去，最后说："真的是这样，为了天下安定，我只得舍弃一位大臣了。"于是一面调兵遣将，一面诛杀晁错，并任袁盎为太常，派他与宗正刘通整装东行，欲说服吴王退兵。接着，就有丞相上书参奏晁错"无臣子礼，大逆不道，当腰斩"。汉景帝马上批准，尽心竭力"尊天子，安刘氏宗庙"的晁错，就这样被斩于东市。汉景帝原以为晁错死后，吴、楚即可退兵。但当邓公从前线归来，景帝问他杀晁错后前线形势时，邓公向他指出："吴楚之乱其意不在错"，诛晁错乃是绝大错误。至此时景帝才恍然大悟，但已无可挽回，只有"喟然长叹"而已。

此时，汉景帝方才明白了事情的真相，意识到了问题的严重性。摆在汉景

盛世与乱世

帝面前的，只有以武力镇压叛乱这一条路了，于是他派中尉周亚夫为太尉，率三十六位将军迎击吴、楚叛军，并命窦婴为大将军，监视齐、赵之兵。遣曲周侯郦寄出击赵军，将军栾布出击齐兵。

当时，吴、楚两军正在继续进攻梁国，周亚夫率军至昌邑时，叛军猛攻梁国，梁国向周亚夫求救，周亚夫拒不出兵。梁王又派使者请求景帝，景帝诏命周亚夫出兵救梁，他取孙子"将在外，君命有所不受"的态度，拒不奉召。这样坚持了一段时间，形势变为对叛军不利。吴王打算西进，梁国守城，不敢冒进；进攻昌邑，周亚夫高垒不战。于是周亚夫派弓高侯韩颓当将轻骑兵出淮泗口，堵住吴楚军的退路，又切断叛军的粮道。吴军士卒粮绝饥饿，几次挑战，周亚夫始终坚壁不战。吴、楚士卒因饥饿而纷纷逃散，不得不引兵撤退。这时，周亚夫率精兵追击，刘濞兵败弃军，只带数千人连夜逃亡，楚王刘戊被迫自杀。刘濞弃军逃亡，吴军纷纷投降。刘濞渡过淮水后，逃至丹徒，又退保东越。他收聚散卒万余人，企图继续顽抗，但东越人不愿附吴，乃诱杀刘濞，献其头于汉王朝。

叛乱刚开始时，胶西、胶东、淄川等国的军队占据上风，齐国曾暗中与叛军联系投降，但不久就收到景帝令坚守待援的诏令，接着汉军打败了包围齐国的叛军。此时，吴、楚主力军已彻底失败，齐王与叛军勾结的阴谋败露，齐孝王惧罪自杀。弓高侯颓当向叛军宣布天子诏令，对叛军首领分别治罪。结果，胶西王自杀。胶东王、淄川王、济南王伏法被杀。

将军郦寄率兵追击赵国叛军，赵军退守邯郸，汉军久攻不下。本来与赵有约的匈奴答应出兵援赵，听到吴、楚兵败的消息后，也不肯入边。随后栾布回兵助郦寄攻赵，引水灌城，城破，赵王自杀。至此，这场七国叛乱持续了三个月，最后以失败而告终。

汉景帝平息七国叛乱后，把叛王封地做了一番调整，将吴、赵等诸侯国，分割成几个小国，以削弱它们的力量。又乘平叛的余威，于公元前145年把王国的行政权和官吏任免权收归中央，又裁减王国的御史大夫、廷尉、少府

文景之治

131

等职官，剥夺和削弱了诸侯国的政治权力，王国的独立地位被取消。从此，诸侯王只享受相关待遇，不能过问行政，成为只有爵位而无实权的贵族，王国几乎与郡县相仿，诸王对朝廷的威胁基本上得以解除。文景时期采用贾谊和晁错的建议，以削弱诸侯王割据力量的发展，对维护西汉统一起了一定的作用，也为汉武帝加强封建中央集权打下了基础。

盛世与乱世

七、匈奴和战与南越称臣

汉初，经济残破，民不聊生。秦时已经兴起的匈奴部族的势力逐渐强大，所控制的地域包括贝加尔湖以南辽阔的草原大漠。在秦末战争中，尽数收回了秦将蒙恬所占领的匈奴地方，又进入长城以南。楚汉战争时，中原疲于征战，匈奴日益强盛，军中勇士多达数十万，对新生的西汉帝国形成了严重的威胁。汉高祖七年，匈奴发兵攻打太原郡，兵临晋阳城下。刘邦于是亲自率军迎击匈奴，时值冬季严寒，士卒中冻伤患病的人大量增加。匈奴冒顿单于佯败，诱汉军北上。三十二万汉军追击，刘邦先到平城，主力尚未抵达，匈奴派兵四十万将刘邦围困于平城东北的白登。汉军指挥中枢七日不能与汉军主力联系，亦无法得到后勤补给，不得不贿赂单于妻阏氏，使说服单于解围一角，终于脱逃，得与主力会合。匈奴退军，刘邦也引兵而罢。此后，汉与匈奴结和亲之约。相互约为兄弟，汉以宗室公主嫁与单于，每年给予匈奴织品酒米食品各有定数。不过，匈奴仍然时时侵扰代、云中、上谷等郡国，使北边地区社会经济生活难以安定。

自平城之役以来，汉廷与匈奴的关系，表面上以"和亲"形式维系，却一直处于战和不定的状态中。公元前 177 年夏天，匈奴右贤王乘文帝新即位，国内政局不稳，大举入侵河套以南地区。

匈奴破坏和亲，捕杀汉朝官吏和士兵，掠夺当地居民的财物和土地，汉文帝便发兵抗击匈奴的骚扰。这是自实行"和亲"政策以来，汉廷首次以兵戎对付匈奴。汉文帝派灌婴率八万五千车骑，在高奴迎击右贤王，又发中尉材官防守长安。文帝还亲自到甘泉督战，结果右贤王兵败逃出塞外。汉军乘胜追击，汉文帝从甘泉到达高奴，并取道高奴去太原。就在这时，济北王刘兴居得知文帝去太原，以为他要亲自指挥追击匈奴，乃起兵发动叛乱。汉文帝闻讯，立即命令灌婴罢兵，同时赶回长安，平定济北王的反叛。匈奴退回塞外后，即令右贤王西攻大月氏，先后征服楼兰、乌孙

文景之治

等二十六国。

公元前176年，冒顿单于派人给汉文帝送来一封信，表示愿意跟汉朝恢复和亲。由于当时匈奴新破月氏，士气方盛，形势对汉朝不利，同时汉朝需要一个和平的环境，以便恢复和发展社会经济，因此决定与匈奴恢复和亲。

公元前174年，汉文帝派人前往匈奴，双方约为兄弟，还送给冒顿许多贵重物品。过了不久，冒顿单于死了，子稽粥继位，这就是老上单于。老上单于初立，文帝将一位宗室公主嫁给他，还派宦官中行说为陪嫁大臣，他到了匈奴后经常为单于出谋划策，劝他进攻汉朝，掠夺汉朝的财富，匈奴与汉廷的关系日趋紧张。公元前166年，匈奴以十四万骑攻入朝那、萧关一带，杀死汉朝将领，掳掠了大批人民和牲畜，烧毁安定郡的回中宫，甚至前锋到达雍县和甘泉，威胁着汉朝都城的安全。汉文帝派中尉周舍、郎中令张武调集十万骑兵，驻防长安以备匈奴。又派卢卿、周灶、张相如、董赤等人，发车骑进击匈奴，将匈奴赶出塞外。

从此，匈奴日益骄横，几乎年年骚扰边地，杀掠大量人民，云中及辽东两郡受害最为严重。公元前158年冬天，匈奴以三万骑兵侵犯上郡和云中郡，杀掠大批人民，告警频频传至甘泉和长安，京师为之震动。朝廷派大将屯守飞狐口、句注和北地。在都城长安附近，也派重兵防守。周亚夫驻守细柳时形势紧张，驻军戒备森严，随时准备应急。汉文帝到细柳慰劳将士，周亚夫甚至披甲持兵，简直到了剑拔弩张的地步。过了一个多月，汉廷大兵赶至边地，匈奴撤出塞外，汉兵也停止追击。

汉文帝在位期间，为了谋求安定和平的环境，对匈奴一直采取克制的态度。他继续执行汉初的"和亲"政策，避免大动干戈。然而匈奴虽受益于和亲政策，却不信守和亲的盟约，大规模的骚扰就有三次，小的侵袭则不计其数，不但边郡人民深受其害，而且汉王朝用于军队的耗费也很大。当时晁错上书汉文帝，分析汉朝与匈奴双方在军事上各自的短长，指出匈奴是个擅长骑射的游牧部族，他们往来转徙无常，入侵之机灵活，一旦发现守塞之卒有所减少，便随时可以

盛世与乱世

入境掠杀。如果朝廷不发兵救援，边民势必绝望而降附匈奴，而发兵人数少则无济于事，即使人数多，距离远的县也是救兵刚到，匈奴人却早已逃跑了。如果在边地驻扎防守，费用开支实在太大，不在边地驻守，匈奴人随时可以打进来。这样年复一年下去，则国穷而民不得安宁。于是，晁错提出在边地建立城邑，招募内地人民迁徙边地，每个城邑移徙千户以上的居民，由官府发给农具、衣服、粮食，直到他们能自给为止。凡接受招募迁往边地的老百姓，有罪的可免其罪，无罪的可以拜爵或者免除徭役。迁往边地的老百姓，能抵抗匈奴人的掠夺，夺回被匈奴人掠夺的财物，则由官府照价赏赐一半。这样，使远方无屯戍之苦，而塞下之民又可相保。

汉文帝采纳晁错的计策，便招募人民迁徙塞下，收到了良好的效果。不久，晁错在上《论贵粟疏》中，又提出使民以粟为赏罚的"贵粟之道"，规定凡入粟朝廷者可以拜爵，可以免罪。而入粟塞下者，也同样可以拜爵和免罪。汉文帝再次采纳晁错的意见，令民入粟于边，还根据入粟的数量，规定了拜爵的不同等级。这对于抗击匈奴的骚扰、减省运输之苦，都有一定意义。此外，文帝还在边地建立马苑三十六所，分布在北部及西部，用官奴婢三万人，养马三十万匹。在民间，同样奖励老百姓养马，以满足边防对马匹的需求。汉文帝所采取的上述措施，尤其是"募民实边"的办法，改变了单一轮换屯戍的制度，既有利于对边郡的开发，又大大加强了对匈奴的防御力量。这对景帝继续执行休养生息政策，解决内部诸侯王叛乱问题都起到了重要作用，也为后来汉武帝彻底解决匈奴问题打下了基础。

汉文帝死后，景帝对待匈奴，仍然实行"和亲"政策，并开放边地关市，对单于赠送财物一如既往。随着汉朝防御力量日益加强，匈奴对边地的军事骚扰也有所收敛。景帝在位十六年间，匈奴入边次数大为减少，大规模的入侵只有一次。在公元前144年六月，匈奴入雁门，攻至武泉，又入上郡，抢掠汉朝的宛马。汉朝官兵奋起抗击，战死者达两千人之多。除此之外，在汉景帝在位期间，匈奴没有更大规模的军事骚扰，只是小规模盗边而已。总之，文景时期在对待匈奴的军事骚扰问题方面，并非只停留在单纯的消极退却，而是以积极加强防御力量为主，从而达到避免和减少战争的目的，为休养生

息创造了和平的环境。

秦末农民起义之际,南海郡尉赵佗乘机扩大势力,听说秦朝灭亡,就合并桂林、象郡,自立为南越武王。汉初,刘邦无力远征,派使者立赵佗为南越王,要他在当地和越族各部,与汉朝通使,不要扰乱附近各郡,与汉胡关系和好。吕后时期,认为南越是蛮夷,因此禁止铁器及牛马羊供应南越,赵佗发兵攻打长沙边邑,自立为南越武帝,双方关系日趋紧张。吕后派大将率兵讨伐,结果因水土不服,军中疫病流行,进军南越中途受阻。一年后,吕后病死,遂告罢兵。从此,赵佗软硬兼施,先后征服闽越等地。在岭南广大地区,他也开始称制,仪制与汉朝无异。

赵佗本是真定人,虽去南海已四十九年,却不忘家乡。他听说先人坟墓已被破坏,亲族兄弟被杀,更为恼火,发书要求汉朝撤离长沙郡的驻军,放回他的亲族兄弟。为了避免战争给社会带来的严重灾害,创造一个和平安定的社会环境,以利于社会生产的发展。对南越王称帝一事,汉文帝采取怀柔的政策。刘恒下令修复了赵佗先人的坟墓,派人慰问了他在真定的亲人,还给赵佗的亲族兄弟以尊贵地位,给予特殊的礼遇。随后,汉文帝派陆贾持诏书和礼物前往告谕赵佗,只要削去帝号,不再扰乱附近郡国,则承认他为南越王,允许他自治,与汉朝通使往来。此诏书文辞颇为诚挚,赵佗为这篇言辞恳切、情感亲和的外交文书所打动,致书谢罪,自称"蛮夷大长老夫臣佗",表示愿意长为藩臣,奉贡职,并宣布废去帝制。于是,自陆贾回朝后,一直到汉景帝时代,南越称臣遣使入朝。虽然据说在国内仍然暗自沿用旧的称号,但是使臣入见天子时,"称王朝命如诸侯"。此政策的运用成功,避免了一场兵乱。

贞观之治

"贞观之治"指的是唐朝初期出现的太平盛世。唐太宗李世民当政时期，年号"贞观"。唐太宗任人唯贤、广开言路、虚心纳谏，重用忠臣、贤臣，采取了以农为本的恤民政策，减轻徭赋，厉行节约，并完善了科举制度。其间，唐朝经济发展，社会安定、政治清明、人民富裕安康，出现了空前的繁荣，所以人民把这一段时期称为"贞观之治"。"贞观之治"是中国历史上最为璀璨夺目的时期，为后来的开元盛世奠定了坚实的基础。

一、"贞观之治"出现的历史背景

　　"贞观之治"指的是唐朝初期出现的太平盛世。从 627 年到 649 年是唐朝的第二个皇帝——唐太宗李世民当政时期，年号"贞观"。

　　唐太宗任人唯贤、知人善用、广开言路、虚心纳谏，重用魏徵等忠臣，采取了一些以农为本的政策，减轻了徭赋，实施了休养生息的恤民政策，厉行节约，完善科举制度。唐太宗在位的二十三年，唐朝经济发展、社会安定、政治清明、人民富裕安康，出现了空前的繁荣，所以人们把这一段时期称为"贞观之治"。"贞观之治"是中国历史上最为璀璨夺目的时期，为后来的开元盛世奠定了坚实的基础。

（一）民生凋敝

　　隋朝末年，隋炀帝横征暴敛，骄奢淫逸，百姓背负着无穷无尽的赋税和徭役。隋炀帝在位期间，四次出巡、大兴土木、三征高句丽、开凿运河给人民增加了难以承受的兵役和徭役负担。大业年间几乎每年都有数百万壮丁离乡服役，甚至丁男不够用而役使妇女，严重影响了农民的正常生产生活。当时黄河以北千里无人烟，江淮之地杂草丛生，关陇一代万户萧疏。民生凋敝、财力俱竭，冻死、饿死的百姓不计其数，尸骨遍野的悲惨景象随处可见。

　　贞观初年，整个唐朝社会是一个千疮百孔的景象。大业七年（611 年）王薄在长白山发动起义，隋末农民大起义爆发。连续十多年的战争同样致使土地荒芜，经济萧条，生产很不景气。人民仍然吃不饱肚子，过着颠沛流离的生活。就连比较富饶的关中地区与隋朝初年相比，也相差很远。人口也大大地减少了，隋唐更替的战争中人口减少约两千万以上，例如人口原本密集的河南地区，也有很多土地荒芜，无人耕种。政府掌握的户籍只有二百多万户，不到隋朝时期的三分之一。加上贞观元年关中歉收，斗米值绢一匹，贞观二年蝗灾，贞观三年大水，克服天灾人祸造成的困难，实非易事。大战之后，人少地多，人心思安，这是"贞观之治"产生的历史背景。

（二）内忧外患

"玄武门之变"后，统治阶级内部虽然解决了上层集团的派系之争，但是统治的基础仍然不稳固。中央政权内部矛盾重重，地方掌握兵权的某些将领，对中央政权也是貌合神离。前代门阀地主在经过了农民大起义的打击之后，虽然势力大为减弱，但是他们仍然在地方上为非作歹、危及唐朝的统治，甚至公开挑起武装冲突，企图推翻唐太宗的统治。

边疆民族问题也威胁着唐朝的统治。西北边疆突厥势力强大，不断侵袭内地，对唐朝统治造成极大的威胁。边疆各族对唐朝的方针政策不了解，徘徊、观望，怀有恐惧心理，边疆战事时有发生。这些对于唐初混乱的社会状况更是雪上加霜。

面对着凋敝的民生、内部的威胁、外部的干扰，重整生产、恢复国力、稳定统治成为统治阶级亟待解决的问题，也是唐太宗面临的一个重大挑战。

（三）以史为鉴

唐太宗生于隋文帝末年的太平之世，却长于隋炀帝在位的动乱之时，他目睹了隋王朝的灭亡。隋朝盛极一时，它辉煌与壮丽的光影在唐太宗的记忆深处闪动，但它灭亡的惨剧更是在唐太宗的记忆中久久挥之不去，隋朝曾是那样一个强大的帝国，却在顷刻间轰然倒塌，这不能不令唐太宗心生感慨。唐太宗亲眼看到了农民战争推翻隋朝的过程，认识到了广大农民对封建统治稳定的重要性。所以，唐太宗引隋之苛政为戒，调整统治政策，纠正前朝的弊端，以缓和阶级矛盾，稳定社会秩序，恢复经济。

自然而然地，"以史为鉴，以民为本"成为唐太宗治国的指导思想。他认为皇帝要勤于政事，大臣要廉洁奉公，政府要轻徭薄赋，只有"存百姓""重人才"

"强政治"才能将整个国家从崩溃的边缘拉回来。首先，唐太宗认识到统治者与人民是"舟与水"的关系，通过土地赋税制度的调整以"存百姓"；其次，他认识到了重用人才，虚怀纳谏的意义，只有知人善任，从谏如流，营造出政治清明的氛围，才能保证较为开明正确的政治、经济、民族、外交、文化上的政策得以制定和实施；三是加强政治，完善三省六部制和科举制，以巩固中央集权，提高行政效率，扩大统治基础。

（四）李世民的个人修为

唐太宗是我国封建社会杰出的政治家，他善于用人，勇于纳谏，不断调整统治政策，他的个人作用也是"贞观之治"局面形成的重要因素。

1. 少年生活

李世民生于公元 599 年 1 月 23 日。父亲李渊，爵为唐国公，母亲窦氏，出身于鲜卑贵族。李世民是李渊和窦皇后的次子。李世民的家族是根底很深的军事贵族，崇尚武功，子弟自幼就要演习弓马、读兵书，李世民也是如此。

童年时代的李世民是个聪明睿智的孩子。他喜爱读书，爱好历史、文学和书法，写得一手好字。又从小就演习弓马，驰骋猎场。他身强力壮，武艺精湛，还饱读了兵书。14 岁到 16 岁，李世民一直居住在京师长安，在这段不安定的生活中，他饱览了各地的河谷山川、军事要塞，接触了各地的民情风俗，了解了许多社会现实情况。李世民少年时期的成长和家庭环境也有着密切的关系。他的叔父、堂兄弟中有许多善治军事的将才，如江夏王李道宗、河间王李孝恭、淮安王李神通，都在李唐王朝创业过程中建立了军功。这些都使他见识广博、眼界开阔，同时头脑冷静、处事果断，既有远见卓识又足智多谋。

2. 青年时期

李世民 16 岁时，社会突然发生了剧烈的动荡，时代的洪流将李世民推上了一条特殊的人生道路。那时候农民起义的大火燃烧起来，隋朝统治集团内部也发生了公开的分裂，全国上下一片混乱。面对着严峻的现实，李渊父子是继续留在隋统治集团营垒内部，还是卷入反隋的斗争洪流，何去何从，关系着李氏

盛世与乱世

家族的兴衰存亡。李世民也就是在这种激剧的社会变动中告别了无忧无虑的少年时代，跨入了文治武功的青年旅途。

在解雁门之围的战役及随父亲李渊到太原镇压甄翟儿起义军的两次战事中，李世民勇敢机智的军事才能开始显露。隋大业十一年（615年），隋炀帝被突厥十万骑兵围困于雁门（今山西代县），李世民应募从屯卫将军云定兴前往救援，他分析了敌我双方的力量对比，采用了多布疑兵的策略，展现了机智灵活的军事才华。大业十二年，李世民随父亲李渊到了太原，参加了镇压甄翟儿起义军的战事，在战争中李世民又巧用计谋，化险为夷，取得了胜利。

晋阳起兵是李世民正式登上政治舞台的开始。那时候，年仅20岁的李世民在密谋活动中起了极其重要的作用。在与父亲李渊南征北战的过程中，李世民的聪明才智也得到了最大限度的发挥，同时在这个过程之中，李世民也学到了很多的东西，他开始成长，并且走向了成熟。在这期间他立下了很多功劳，这些都为他后来登上帝位打下了坚实的基础。

李世民在战斗中注重战前侦察，虽屡次遇险，但每次战斗都能做到知己知彼，善于制造战机，当敌强我弱时，他经常用"坚壁挫锐"的战法拖垮敌人。战斗中身先士卒，亲自率领骑兵突击敌阵，胜利后勇追穷寇，不给敌人喘息之机，因此能获得战斗的胜利。在统一战争中，他运筹帷幄，决胜千里，知人善任，选拔良才，取得了战争的胜利。李世民用他卓越的军事才能，为大唐帝国的建立和发展作出了巨大的贡献，他不愧为我国历史上杰出的军事家，他的赫赫武功也永垂青史！

3. 玄武门之变

唐高祖李渊有三个儿子：大儿子李建成、次子李世民、小儿子李元吉。李渊当了皇帝以后，把李建成立为太子。李世民和李元吉分别被封为秦王和齐王。

李世民在唐朝建立以及统一全国的过程中，功劳比谁都大，自然会产生做天子的想法。李世民在他的秦王府里，聚集了一大批忠于他的谋臣猛将，这些人都是李世民在几年里招揽的。文臣有房玄龄、杜如晦等十八学士，武将有尉迟恭、秦叔宝、程咬金等二十五人。就连刘文静、长孙顺德这些朝中重臣都支持李世民继承帝位。与此同时，李世民显赫的军事地位和政治势力，引起他的哥哥皇太子李建成的妒忌，他觉得李世民是自己潜在的威胁。为了维护自己的太子地位，李建成也不甘示弱，极力扩充自己的势力。他还把齐王李元吉拉拢到自己一边，两人齐心合力共同对付李世民。

这年夏天，突厥发兵侵犯唐朝边境。李建成向父亲李渊建议，由李元吉担任元帅。他是想趁这个天赐良机把秦王府的精兵良将调离李世民身边，然后除掉他。可是，李建成的阴谋被他的一个手下全盘告诉了李世民。

在这紧急关头，李世民和谋臣们商量以后，决定先下手为强。于是，李世民偷偷告诉李渊说："太子、齐王与皇上的嫔妃之间不干净。"李渊气坏了，下旨让二人明日来见自己，他要亲自问个清楚。第二天一大早，李世民就派尉迟恭带人埋伏在玄武门内。当太子、齐王上朝从这里经过时，二人发现情况异常，立即打算回到东宫。李世民哪能让到了嘴边的肥肉飞了？在后面呼喊二人的名字。李元吉回头就射李世民，由于太紧张，弓箭都拉不满了，所以射了三箭，却连李世民的毫毛也没伤到。李世民亲身经历了不少这种场面，一点也不慌张，一箭就要了李建成的命。

太子手下冯立等人听说有变，赶紧率兵领马赶到玄武门，秦王手下张公谨关上城门，冯立准备进攻秦王府。关键时刻，尉迟恭把李建成、李元吉的脑袋拿了出来，大声对太子军队说："太子、齐王作乱，已被正法。秦王宽宏大量，不追究你们，快放下武器投降吧。"太子手下一听太子都死了，一哄而散。这就是历史上有名的"玄武门之变"。

李世民又让尉迟恭全副武装，进宫去向李渊报告发生的事情。李渊这时正在宫中的湖里坐船游玩，见尉迟恭站在岸上，而且全副武装，赶紧问发生了什么事情。尉迟恭恭恭敬敬地行过礼，说："太子、齐王发动叛乱，秦王以朝廷为重，大义灭亲，杀死了太子、齐王。但是东宫和齐王府的军队还在闹事。秦王怕惊动了陛下，特派我来保驾。"李渊听到三个儿子相残，气得一句话都说不出来。过了好一会儿，他才气愤地说："真想不到，这个逆子连自己的亲生兄弟都杀了。"一直陪着皇帝的大臣萧瑀赶紧劝说："事情已经这样了，请陛下息怒。太子和齐王本来就没有秦王功劳大，您不如顺水推舟，把国家大事都交给

盛世与乱世

秦王处理，您自己也能享个清福。"尉迟恭也在一旁督促李渊下旨，让秦王控制各路兵马，以便制止太子和齐王余党的骚乱。

　　事已至此，李渊也无可奈何，只得亲手写下诏书，命令所有的军队都听从秦王李世民的指挥。后来，李渊又被迫宣布立李世民为太子。这时，全国的局势已经被李世民控制了。李渊无奈，主动表示愿意早些退位。由此，李世民正式当了皇帝，就是历史上赫赫有名的唐太宗。

二、贞观定策

（一）"天下大治"讨论

　　贞观七年，唐太宗亲自主持了一场大讨论，探讨大乱之后国家是否能够尽快得到治理的问题。朝廷中进行了一次如何实现"天下大治"的辩论。大臣封德彝等认为，尧舜禹时代百姓质朴，所以那时候天下治理得好。可如今的百姓已经不是当年的百姓了，人心不古，这个时候如果不用强力，天下肯定治理不好。天下久乱之后，一定要用重法，统治的力度一定要强，要实施严刑峻法，只有暴力刑罚才能使天下得到治理。魏徵坚决反对这种主张，他认为，时代已经变了，每个朝代都有自己治理的方法，人心大坏的说法也是不可靠的，古时候的百姓与现在的百姓没有区别，天下的治与乱也不在于百姓的好与坏，而在于统治者。魏徵主张推行王道，以"仁义"治理国家，孔子说过："政者，正也。""其身正，不令而行；其身不正，虽令不从。"王道政治就是要以德化民，统治者身体力行，百姓才能跟随，上下同心，不必太久，即可实现"天下大治"。唐太宗采纳了魏徵的意见，确立了贞观时期施政的总方针，那就是走王道的路线，光明正大地以德治国。此后，唐太宗释放了宫女，制订了削减封王、精兵简政等政策，都得到了百姓的支持。推行了数年之后，"国内康宁"，国家得到了良好的治理。王道的施政方针的确立，对"贞观之治"影响颇为深远。

（二）"群臣论治"

　　唐朝初年，经历了社会剧变之后，人口死亡和流散众多，大量土地荒芜，社会经济遭到严重破坏以至凋敝不堪。如何恢复战争造成的创伤，把隋末战乱造成破烂不堪、千疮百孔的国家重新振兴起来，是摆在李世民面前的一个非常重要和艰巨的任务，因为这是关系到唐王朝政权能否巩固统治的大问题。唐太宗李世民曾经亲自参与了推翻隋朝的战争，在这个过程中他亲眼看到了人民力量的伟大，亲眼目睹了隋朝统治的灭亡。所以，他经常和大臣们一起总结隋朝灭亡的经验教训，试图从中汲取一些可以借鉴的教训，作为以后唐王朝统治政策的"镜子"，这就是历史上有名的"唐太宗群臣论治"。他常以隋朝灭亡的教训不断地告诫自己和众多大臣，总结隋朝灭亡的原因主要是赋役繁重，人民生活困苦，大小官员贪污荒治。他经常以"水能载舟，亦能覆舟"的经典话语激励和鞭策自己。他认识到一个政权如果过分暴虐，使人民无法正常生活的话，人民必然要起来反抗甚至把它推翻，所以对人民的统治一定要有度量和节制，不能采取竭泽而渔、破釜沉舟的政策来统治人民。因此，李世民极力主张去奢省费，轻徭薄赋，休养生息，整顿吏治，使得整个国家的各个方面能够尽快恢复和发展。

　　唐太宗群臣论治的范围非常广泛。首先在用人方面，他坚持"任人唯贤"、择善任人的原则。他从不因为与自己关系亲近而用人，也不因关系疏远而弃其贤才，这样一来使得各阶层、各方面的许多人才都被唐太宗有效地利用，重用了房玄龄、杜如晦、魏徵等一大批优秀人才，他们各具才能，为唐朝经济、政治、军事以及社会稳定等方面的发展作出了杰出的贡献。唐太宗还特别注意选拔和考察地方官吏，竭力避免任用那些坑害国家和人民的无德无能之人。他认为地方官员直接管理老百姓，与天下大治有直接关系，要使国家长治久安，人民安居乐业，选拔任用地方官员更要慎重。他曾对吏部尚书杜如晦说"比见吏部择人，唯取其言辞如刀笔，不认其景行，数年之后，恶迹始彰，虽加刑戮，百姓已受其弊"。所以他极其重视对都督、刺史这些地方官员的任用条件，他深知那些直接管理百姓的地方官员的好坏优劣直接影响着国家的长治久安。他还把各地都督、刺史的姓名写在自己住的宫殿屏风上，朝夕略览，随时记录官

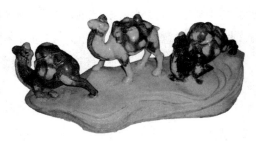

员的行事准则以备赏罚。凡属才能出众，功绩卓越者，就能破格提拔，委以重用，给予奖励；凡属有危害百姓行为，一经发现就坚决严惩不贷。李世民对地方官员的择用原则和方法的目的是加强中央专制主义集权政治，巩固唐朝的政

治统治，保持了社会的稳定与和谐。同时对减轻人民的负担，促进社会生产力的发展也起到了积极的作用。

其次，唐太宗能够兼听众议，善于纳谏，大臣敢于犯颜直谏，形成了封建社会少有的良好政治氛围。封建社会皇帝权力至高无上，皇帝行为的优与劣直接影响着国家走向，唐太宗认为自己对天下事务并不是无所不知，无所不能，他认为隋朝过分集权，各种决策往往由皇帝一人决断，这种政策形成过程中容易出现许多弊端。于是，唐太宗与大臣们交流讨论如何能让政策制定过程中尽量避免个人专断的行为，经过各个大臣研究讨论以及李世民的长期思虑，最后认为政令的产生一定要充分发挥臣下的主动和集思广益的精神。他说："以天下之广，四海之众，千端万绪，须合变通，皆委百司商量。宰相筹划，于事稳便，方可奏行。岂得以一日万机，独断一人之虑也。且日断十事，五条不中。中者信善，其如

不中者何？以日继月，及至累年，乖谬既多，不亡何待。"他为防止偏见和独断专行，接受大臣魏徵"兼听则明，偏听则暗"的建议，魏徵引用隋末的事例说，"隋炀帝偏听近臣虞世基，而虞世基处处蒙蔽他，隐匿农民军攻城略地的情况，以致国破家亡，君臣俱死。唐太宗很赞成魏徵的见解，因而为了避免亡国杀身之祸，他经常鼓励群臣犯颜谏上，并经常接受直谏以改正自己的过失，从不喜欢独断专行。例如有一次，唐太宗要修建洛阳乾元殿，给事中张玄素上书谏止，言辞十分尖锐，认为现在国力不及隋朝，如果劳民伤财大兴土木，恐怕连隋炀帝都不如。面对张玄素把他比作隋炀帝的情况，唐太宗不仅不生气，反而采纳了张玄素的意见，下令停止了这项工程，并嘉奖张玄素敢言，赐给绢五百匹。有这样的纳谏之君，就有这样的敢谏之臣，这方面魏徵尤为突出，先后进谏"二百余事"。由于唐太宗善于纳谏，因而能及时纠正一些错误，保持了政治清明。唐太宗这种愿意倾听臣下意见，善于发挥臣下作用和慎于理政的作风，在封建社会中是极其罕见的，对群臣也产生了极大的影响。当时在朝中辅政的大臣和地方官吏，大都比较廉洁自律，也比较有作为，这对巩固唐朝的封建统治，对当时的社会稳定以及促进社会经济的发展起到了重要作用。

第三，唐太宗不因循守旧，对于隋制有因有革，大胆取舍，进行改革。唐

盛世与乱世

太宗即位后，继续推行均田制和租庸调制，为了调动劳动人民的生产积极性，恢复发展生产力，对以前的制度进行调整和改革。如租庸调制规定，每丁每年交纳粟二石，绢二丈，绵三两，服徭役二十天，租税赋役都比隋朝大为减轻，尤其在以庸代役方面，隋朝规定50岁以上的人能以庸代役，而唐不再规定年龄限制，从而把以庸代役的办法加以推广和制度化，使农民有了更多的时间从事农业生产。由于均田制和租庸调制的颁布和实施，极大地稳定了民心，激发了广大农民对农业生产的积极性，流散人口逐渐归乡种田，从事生产，荒芜的土地重新被开垦。这些措施不仅显示了唐太宗重视农业的发展，客观上也为社会增添了大量劳动力，对农业生产的迅速发展起了重要作用。因此，在他的统治下，社会经济发展较快，粮食产量大增，粮价稳定，这就为社会其他方面的恢复和发展奠定了坚实的物质基础。唐太宗李世民能够听取群臣的意见和建议，充分发挥群臣集体智慧的力量，促使社会逐渐朝着盛世的趋势发展。

贞观之治

147

三、贞观治世

（一）休养生息

唐太宗认为民为邦本、农为政本，决定实施休养生息的重农政策。

唐太宗政治思想的形成和统治政策的确立，深受隋朝覆亡的影响，所以他经常与群臣讨论历代王朝的盛衰成败和治国的方针政策，并从中吸取历史经验。唐太宗对隋王朝覆亡的教训尤为重视，从前代兴亡历史中看到人民群众的力量，常常引用《荀子·王制篇》的一句名言："君者，舟也；庶人者，水也；水则载舟，水则覆舟。"他用这句话来反复警示自己，告诫子孙，并从中总结出一条重要的统治经验，就是："为君之道，必须先存百姓。"

1. 繁衍人口

为了恢复社会生产，唐太宗规劝农民务实农业、发展生产。为了保证百姓的基本生活，就必须提倡农民务农，为此，唐太宗采取了一系列积极有效的劝农措施：贞观初年，人口稀少，很多土地荒芜，没有足够的劳动力去耕种。为了繁殖人口，增加劳力，唐太宗一方面招徕、赎买被外族掠夺的人口，招抚流亡的百姓回到家中务农；另一方面释放宫女和解放奴婢，鼓励民间及时婚嫁。这样，人口逐渐地增加，为经济的复苏打下了良好的基础。

唐太宗李世民即位之初，全国上下经济萧条，国库也很空虚。到了贞观二年，李世民为了减少宫廷开支，接受了中书舍人李百药的建议，一次放出宫女三千人，让她们出宫嫁人。从而在中国历史上留下了"怨女三千出后宫"的贞观传奇，这是"贞观之治"著名的故事。

贞观元年（627年）二月，唐太宗发布诏令，男的满20岁、女的满15岁没有结婚的，由州县的官府负责帮助他们成婚。那时候结婚是要有聘礼的，有的人没有钱结婚，官府就要命令亲戚资助，亲戚也没有钱的，由当地的富贵人家资助完婚。这一措施的目的在于帮助农民组建家庭，繁殖人口，以便发展一

盛世与乱世

家一户的小农生产。

2. 不违农时，轻徭薄赋

封建社会统治的基础在于小农经济。农业生产能否正常进行，是国家能否富强的关键。农民安定了，国家才能安定下来；农民生活有保障了，国家政权才能巩固；农业发展了，国家才会富强起来。

唐太宗不夺农时，该是农民种田、耕地、收割的时候，绝不耽误农民务农的宝贵时间。每遇四方的使者回朝，唐太宗一定要先问问农田里的谷物长得好不好，关心百姓的疾苦。

贞观二年，京师一带蝗虫大起，唐太宗入禁苑察看庄稼，见到蝗虫，抓了几只说："民以谷为命，而汝食之，宁食吾之肺肠。"举手欲将蝗虫吞下，左右进谏说："恶物恐成疾。"唐太宗说："朕为民受灾，何疾之避！"遂将数只蝗虫吞下去。贞观三年正月，恢复废弃已达数百年之久的藉（耤）田仪式。在春耕前由天子亲执未耜，在藉田上施行三推一拨的藉礼，通过这一仪式，倡导举国上下尽力农耕。

贞观五年，曾经发生过举行礼仪与农时冲突的事件。当时礼部官员根据阴阳家选择吉日的建议说："皇太子即将举行戴冠仪式，二月份是最好的、最吉祥的时间。"可是二月份正值春耕大忙的季节，农民们都忙着耕地、撒种。唐太宗考虑到这一点，宁愿省去繁琐的礼仪，也不违背农时，于是将太子戴冠仪式延迟到秋收之后的十月。可见唐太宗对不失农时的重视。

繁重的徭役和租赋是封建社会农民最沉重的负担，这不仅摧残社会生产而且加深了阶级矛盾。唐朝政权建立以后，唐太宗说："竭泽

而渔，非不得鱼，明年无鱼；焚林而兽，非不得兽，明年无兽。"他把极度剥削人民比喻为：吃自己的肉，肉吃没了，自己也就没命了。因此，唐太宗采取了一些安民措施，让农民休养生息，对经济的繁荣起到了积极的作用。隋朝的时候政策苛刻，统治者横征暴敛、骄奢淫逸，最终亡国了，这些教训一直深深地提醒着唐太宗，使得唐太宗懂得轻徭薄赋的重要性。

此外，唐太宗还完善并发展北魏以来的均田制。均田制满足农民的土地要求，人人有田，这就提高了农民的生产积极性，促进了农业生产的迅速恢复和发展。

3. 去奢省费

唐太宗十分强调节俭。贞观初年，他身体力行，尽量克制欲望，采取了一系列厉行节约、限制奢侈的措施。例如，停止进贡珍奇宝物，限制营造宫室，破除了厚葬的陈规旧俗，规定葬制一律从简。在他的影响下，当时有许多臣子都崇尚简约的生活作风，贞观初年出现了一批崇尚节俭的大臣，如戴胄、魏徵、温彦博等人。

唐太宗真是堪称节俭的好皇帝。他要求葬制节俭，首先对自己的陵寝做出了安排，并且亲自制定了陵寝的规格。唐太宗要求自己的陵墓只要建造在山上就行，陵墓的大小也仅仅能容纳棺材就可以。他这么做就是为了避免自己死后，子孙们大肆地浪费财物为他操持后事，劳民伤财。贞观二年八月，群臣再三建议营建一座高大的台阁，以改善唐太宗的居住条件，但是，唐太宗坚决不允许，这为农民减轻了很大的负担。贞观六年，他想营造一座宫殿，材料都准备好了，但是一想到秦亡的教训，就不再兴建了。还有一次，工部尚书段纶带一名巧匠杨思齐进宫，想制造傀儡戏（木偶戏）道具，用来讨好唐太宗，可是没想到唐太宗不仅没有给他奖赏，反而训斥了他一顿，并且罢免了段纶的官爵。

贞观七年的时候，戴胄去世了。戴胄是非常有名的大臣，他生前是户部尚书，户部尚书掌管着国家的经济命脉，所有的赋税、土地、人口等都归他管。可即使是这样，戴胄的家里也非常穷。他临死的时候要在家里举行一个吊唁仪式，要摆个灵堂，但是由于家里没有正堂，房子不够大、不够用，就没有办法举行吊唁仪式。李世民知道后不禁感叹道：我的大臣家里太穷了！于是下令，国家出资临时给戴胄建造了一个庙宇，这样，才举行了吊唁仪式。

还有很多地方官也是这样，工部尚书李大亮是一个鲜明的例子。古代的时候，去世的人嘴里面要含一块玉，但是李大亮去世的时候家里却连一块玉也没有，只有几袋米、几丈布。皇帝亲自出席了葬礼，看到李大亮家里如此清贫，也不禁流下了眼泪。其实，李大亮位高权重，他有很多机会可以为自己置备富足的家业。李大亮是军人出身，打过很多仗，贞观九年的时候，他奉命去打吐谷浑，立下了很大的功劳，皇帝赏赐给他很多财物，但是李大亮把这些赏赐品都分发给部下、亲戚、朋友了，自己却所剩无几。李大亮还做了很多好事，在战争中有很多无人认领的尸体，他就自己出钱把他们掩埋了。他还像养活自己家的孩子一样养活别人家的孩子，其中有名有姓的就有十五人，其他不知姓名的就更不计其数了。在贞观年间社会政治清明的大气候影响之下，这些官员都能恪尽职守，他们这么做也正是体现了贞观精神。

（二）善用人才

1. 渴求人才

唐太宗非常渴求人才。他深知，人才是事业的根本，选拔和使用人才，历来是兴邦建国的大事，对此，唐太宗特别重视。他以封建政治家少有的胸怀和气魄，将各类有用的人才收拢到自己身边，形成了一支实力雄厚的人才群体，对唐代政治经济的发展都起到了重要作用。唐太宗求贤若渴，他认为人才到处有，贤能的人世世代代都存在，不是没人才，而是缺少发现人才的眼睛。为了得到人才，他时时关心，处处留意，悉心考察。

武德年间，唐太宗还是秦王的时候，他收留了刘武周手下一员大将尉迟敬德。过了不久，敬德手下的两个将领叛逃了，有人便开始猜测尉迟敬德也一定会叛逃，于是，没经过请示就将他囚禁起来，并劝秦王李世民赶快杀掉他。可李世民却说："敬德有心叛变的话，难道会落在他人之后吗?"不但没有杀尉迟敬德，反而把他放了，并且将他招入自己的卧室，安慰他说："大丈夫以意气相许，请你不要把这点小小的误会放在心上，我是决不会因为旁人的几句闲话而加害良士的。"临分别的时候还赠送给尉迟敬德很多金银，尉迟敬德被李世民的赤诚相见深深地感动了，发誓要"以身图报"。后来尉迟敬德在历次战斗中出生入死，屡建奇功，为李唐王朝打天下，为秦王夺位立下了汗马功劳。

贞观五年（631年），唐太宗发动官员们议论朝政，一个名叫何竟的官员提出了二十多条独到的建议。这个何竟平时不善于舞文弄墨，唐太宗没有想到何

竟竟然这样有文采、有见地，大大地夸奖了何竟，说他是深藏不露。何竟很惭愧地告诉唐太宗，说自己的上书是一位访客马周代拟的。唐太宗一听，非常高兴，立即引见了马周。两个人一见如故，探讨了很多政治措施。后来马周做了官，为唐朝的兴旺昌盛出了不少力，成了有名的"布衣宰相"。

　　2. 知人善任

　　唐太宗善于了解人才的特点，能够做到人尽其才。他主张用人要取长避短，正确对待人才能力的差异。唐太宗深知金无足赤，人无完人，每个人都有自己的长处，也都有不足之处，在使用时要尽量发挥人才的长处，避开短处。

　　在贞观年间，辅佐唐太宗的文臣武将都能充分发挥自己的长处，竭尽全力为大唐王朝效忠。唐太宗评论长孙无忌善于躲避嫌疑，待人接物聪明敏捷，处理事务无人能及，但领兵打仗不是他的长处；高士廉博古通今，处理事务清明通达，遇到危难不变气节，在朝做官不搞宗派，但所缺乏的是正直进谏；岑文本性情敦厚，文章辞藻华丽，且内容丰富，但是有的时候脱离实际。马周遇事果断，性格忠实正直，评论衡量别人，能秉公直言。当时，这些大臣都认为皇帝的评价非常中肯，符合他们的实际。

　　贞观初年，唐太宗非常信任房玄龄和杜如晦，让他们共同掌管朝政。他们的长处是多谋善断，史称"房谋杜断"，而短处是不善于处理繁杂琐碎的事务。太宗扬长避短，充分发挥相才，贞观三年，他们分别擢升为尚书省左右仆射，成为皇帝的重要辅佐大臣。而对于戴胄呢，短处是"无学术"，唐太宗不让他担任学馆儒林的职务，但是基于他忠诚、正直、秉公办事的长处，一度被任为大理少卿。至于李靖、李勣两员武将的才能更是得到了良好的发挥，唐太宗长期让他们握有重兵，驻守边关，为唐朝政权的巩固立下了特殊的功勋。唐太宗评价说，李靖、李勣两人，古代的名将韩信、白起、卫青、霍去病都比不上他们。在贞观年间，唐太宗对各种人才都能量才而用，使大批的文臣武将能充分展示自己的智慧才华。由于唐太宗的"知人善任"，贞观时期人才济济，这些猛将谋

臣为李唐王朝发挥了自己的聪明才智，这与"贞观之治"是密切相关的。

3. 君臣坦诚

唐太宗能良好地处理君臣关系。他提倡君臣之间坦诚相待，不要互相猜忌。唐太宗深知，一个人的能力是有限的，思考问题难以面面俱到，作为君主必须尽可能地集思广益，虚心听取各方面的意见。所以，治理国家，巩固封建政权，不能只靠皇帝一人，而要靠上至王公大臣，下至地方官吏的尽心尽职，全力为朝廷服务。要使天下得到良好的治理，君臣两个积极因素缺一不可。事实上，唐太宗对大臣们是非常信任和器重的。唐太宗曾对侍臣说："我身为帝王，身系天下安危，但是要做一个好皇帝，我还得依靠各位臣卿，所以我们要同心协力把国家治理好。事情如果有什么不妥的地方，只管说出来，不要隐瞒。如果我们君臣之间互相怀疑，不能把心里话都说出来，实在是国家的大害啊！"纵观贞观二十多年中，唐太宗与臣属们关系密切、和谐、融洽。特别在前期，能直接鼓励大臣当面指出他的过失，并能知错则改，这种态度大大减少了唐太宗决策的失误。唐初政治清明，社会安定，百姓安居乐业。

比如说贞观二年，唐太宗和臣僚们以儒家思想为指导，对重大社会问题进行了广泛的讨论。在讨论中，唐太宗让臣僚们各抒己见，互相磋商，大家都以平等的身份进行论辩，不以势压人，而是以理服人。整个讨论，气氛相当宽松。最后，再依据多数人的意见来决策国家大事。这种活跃的政治局面在中国封建社会史上，是十分罕见的，史称"贞观君臣论政"。这次政治大讨论，为"贞观之治"的开始奠定了基础。此后，君臣之间这种共同切磋的情况更多，"君臣论政"成为贞观时期一种良好的政治风气。

（三）虚怀纳谏

1. 从谏如流

从古到今，一提李世民，大家就能想到一个词——纳谏。唐太宗李世民可以说是从谏如流，他不是唯我独尊地发号施令，也不是目空一切地独断专行，

而是广泛地听取大臣的意见，虚心地接受有益的建议。大臣们对他也可以说是知无不言、言无不尽，积极进谏。进谏的内容涉及到方方面面，上到国家军事大事，下到君王一举一动，有的进谏甚至还涉及到李世民的私生活。那么进谏的结果是怎么样的呢？李世民多是言听计从、虚心接受。可是很多进谏之言非常逆耳，连一般人都很难接受，作为一个高高在上、掌握生杀大权的帝王，李世民是怎样接受这些谏言的呢？大臣们又为什么敢于向皇帝进谏呢？那是因为唐太宗深知纳谏的重要性。贞观二年，他问魏徵何谓明君、暗君？魏徵说："兼听则明，偏听则暗。"对此，唐太宗深表赞同。群臣的犯颜直谏，形成了贞观时期的良好政治风气，在封建社会实属罕见。

历史的教训让唐太宗明白了纳谏的重要性。唐太宗生于隋文帝末年的太平之世，却长于隋炀帝在位的动乱之时。他目睹了盛极一时的隋王朝土崩瓦解，隋王朝的惨剧在唐太宗的记忆中久久挥之不去。隋炀帝独断横行，犯了过错也从不理会，所以才导致了国家的灭亡。隋朝灭亡的历史教训时时刻刻警示着唐太宗和他的臣子。

贞观四年（630 年）六月，李世民为了巡狩的方便，下诏令征发人力修复洛阳的乾元殿，一个名叫张玄素的大臣上书劝谏。张玄素说："修复乾元殿并不是当下最重要的事情，陛下您还有很多更重要的事情要去做。隋炀帝就修了很多的宫殿，还修长城、修运河，可是最后呢，隋朝灭亡了，这些宫殿又有什么用呢？所以陛下应该珍惜民力，注意节俭，少做这样的事情。"这一席话言词尖锐，让一向善于纳谏的唐太宗也产生了抵触的情绪，问张玄素说："你认为我连隋炀帝都不如，那么我跟夏桀、商纣比呢？"张玄素坚持说："如果陛下还是坚持要修乾元殿的话，国家一定会出现祸乱。"这句话打动了李世民，他反而笑了。不仅收回了修宫殿的命令，还赏赐了张玄素。

唐太宗虽然是一代圣君，不过也有犯错的时候，但是在群臣的劝导之下，他往往能比较坦率地承认过失，改正过错。唐太宗从谏如流，对确属自己的过失或者可以不做的事情，常能采纳臣下的谏诤。

贞观八年的时候，长孙皇后的身体越来越不好了，她想替皇帝选一个夫人来接替自己，就是郑仁基的女儿，这个女子年轻貌美、芳华绝代，而且郑家又是北方的士族，家里家教严格，门风优良。诏书已经写好了，就差派一个使者去发布诏令。就在这个时候，魏徵听说郑仁基的女儿已经与别人订婚了，于是赶快进谏给唐太宗说："陛下身为天下人的父母，应当抚爱百姓，以天下人的忧虑为自己的忧虑，以天下人的欢乐为自己的欢乐。""郑仁基的女儿在很久之前就已经许配给别人了，现在陛下不管不问就把她纳入宫中，这跟抢婚有什么分别呢？如果这种事情传了出去被天下人知道了，陛下还怎么完成作为天下人父母的大义呢？"

唐太宗看了谏言，非常震惊，不知道还有这样的事情，于是亲自写诏书答复魏徵，深深地责备自己，并停止派遣册封的使者去发布先前的诏令，下令将郑仁基的女儿送还给她的未婚夫。

唐太宗很有自知之明。其实，纳谏是很不容易的，存在着很大的难度。就说我们平常人，如果别人总给自己提意见、总挑自己的毛病，也会让我们心里很不舒服，会觉得损害了尊严，丢了面子。接受别人的建议是一件很难的事情，作为平常人都难以做到这点，更何况是一个拥有着至高无上的权力的帝王呢？但是，唐太宗就能做到虚心接受。作为一个封建帝王，唐太宗并没有把自己神化，他也不主张别人把他神化。唐太宗容貌非常威严，百官觐见时，看到他不怒自威的龙颜，就已经很慌张了，时常害怕得不知所措，更别说提什么意见了。唐太宗感到这样有碍于人家进谏，所以，每当有人上奏时，他总是表现得和颜悦色，希望能够得到批评的意见。

其实，唐太宗也并不能随时都心悦诚服地接受所有的意见，有的时候他也是大发雷霆，但是，最终他都能接受正确的意见。一方面，是由于唐太宗自己的悟性高，能够克服人性的弱点，理性执政；另一方面，也是因为他的身边有一些忠心耿耿地辅佐他的人，有魏徵、房玄龄、杜如晦、戴胄、王珪等人，此外，还包括他的发妻长孙皇后。

2. 唐太宗与魏徵

谈到"贞观之治"，人们首先称道的是唐太宗的文治武功，其次为人们所津津乐道的是魏徵进谏。魏徵在职期间先后向唐太宗进谏二百余事，唐太宗和魏徵共同缔造了"贞观之治"，二人的君

臣配合也堪称我国政治史上的绝唱。

魏徵（580—643）字玄成，巨鹿（今属河北）人，从小双亲皆故，家境贫寒，但喜爱读书，不理家业，曾出家当过道士。隋大业末年，魏徵被隋武阳郡（治所在今河北大名东北）丞元宝藏任为书记。元宝藏举郡归降李密后，他又被李密任为元帅府文学参军，专掌文书卷宗。

魏徵原先是农民起义军瓦岗军的一个小官。由于官职太小，所以政治抱负一直没有得到施展。后来瓦岗军全军覆没了，他又几经周转，归顺了唐朝，到太子李建成的东宫任职。

魏徵看到秦王李世民功高气傲，知道他是太子将来继承帝业的最大威胁。他好几次劝说太子杀掉李世民，可是太子就是不听。后来秦王李世民发动了"玄武门之变"，射杀了太子和齐王。

李建成被杀之后，李世民就召见了魏徵。周围的人都为魏徵担心，而他自己却很坦然。李世民一见到魏徵就声色俱厉地斥责说："你为什么离间我们兄弟之间的感情？"魏徵不但不承认错误，反而平静地说道："李建成如果早听我的话，他早就做了皇帝了。我们作为臣子的各为其主，我有什么过错呢？"李世民听到这些话没有生气，反而笑了。他早就听说过魏徵很有才干，如今见他又是如此的坦率，就消了气，不仅很有礼貌地接待了魏徵，还对他委以重任。

唐太宗一开始让魏徵在东宫做了一个小官，很快魏徵就晋升为五品谏议大夫，负责给皇帝提意见。后来魏徵又很快成了秘书监，管理图书、文献的资料，从此唐朝的宫廷藏书在魏徵的管理之下丰富起来，魏徵做秘书监的时候也参议朝政。到了贞观七年，他就当了门下省的长官，负责审核皇帝的命令。就这样，魏徵一直到死都负责进谏的工作，他的职责就是给皇帝提意见，他忠于职守，常常冒死进谏。他提的意见总是有利于唐朝的统治，这让唐太宗对魏徵是又害怕又尊敬，以至于唐太宗有时候想干点什么，但是考虑到魏徵可能进谏劝阻，就放手不干了。

魏徵对国家尽职尽责，一心一意地为国家效力，从长远的角度为国家的发展出谋划策。贞观元年，国家兵源不够。于是封德彝向唐太宗提议，可以降低参军的年龄限制，年满18岁的人就可以点兵，皇帝同意了这项建议。可是这件事情受到了其他大臣的反对，唐太宗便召开了会议，让群臣讨论这件事情，群臣们各抒己见。魏徵提出了反对意见，只说了一句话，就说服了唐太宗——"竭泽而渔，非不得鱼，明年无鱼"。把池子里的水都放干了，不是打不到鱼，而是大的小的鱼都被打了上来，明年就打不到鱼了。一句话切中了要害，表明了不能过分浪费民力，要从国家长远的利益出发，眼光要长远。

　　魏徵直言进谏，总是能从客观的角度出发，谏言直接有力。贞观十二年，唐太宗的一个儿子越王泰向唐太宗反映有些大臣对自己不敬，唐太宗非常生气，召见了所有大臣，对他们说："我的儿子不是天子的儿子吗？你们现在不尊敬他，如果我对他放任不管的话，他想收拾你们还不简单吗？"大臣们听了这些话立即拜倒在地承认错误，只有魏徵脸色很严肃，对皇帝说："臣认为，当朝的官员绝对没有人敢轻视越王。以儒家思想的观点来说，大臣与亲王是同等地位的，大臣是为国家来做事的，即使大臣有什么地方做得不对，也不容许亲王来侮辱他们，隋朝的亲王横行霸道，最终是什么样的下场呢？我们现在是在有道明君的带领下，怎么会出现隋朝那样的事情呢？"唐太宗一听转怒为喜，说道："我刚才很生气，因为我觉得自己说的有道理，但是现在听了魏徵的话，觉得还是魏徵更有道理啊！"于是改定规则，三品以上的大臣见了亲王不必下车行礼。

　　还有一次，蜀王妃的父亲杨誉犯了错误，被有关部门抓了起来。杨誉的儿子向皇帝禀报，说自己的父亲被抓了起来是不合法的。唐太宗非常生气，要处分抓杨誉的人。魏徵进谏说："自古以来，皇亲国戚都是非常难管理的，他们因为自己与皇帝是亲戚才胆大妄为。如果陛下现在放纵自己的亲戚胡作非为，这样下去的话，国家将难以治理。从古到今，这种事情只有陛下能够处理，这种人也只有陛下您能够管理。"唐太宗听了觉得非常有道理。

　　唐太宗离不开魏徵。贞观八年，皇帝派黜陟使到地方去了解官场的情况。黜陟使的权力很大，如果发现地方官员的工作干得好，就可以直接提升他；如果地方官员做得不好，就就地免官。所有地方的黜陟使都已经选好了，只有长安地区的黜陟使没有选好。左仆射李靖也觉得由于长安地区贵族、高官、皇亲国戚多，黜陟使的工作不好做，所以应该派一个得力的人物去，这个人非魏徵莫属。可是唐太宗却勃然大怒道："你们不知道我要到九成宫去吗？这也不是小事情，你现在却要把魏徵派走。我每次出去魏徵都在我的身边，只有魏徵能指正我的错误，你们谁能做到这点？"最后，唐太宗派了李靖去做长安黜陟使，把魏徵留在了自己的身边。可见魏徵对于皇帝是非常重要的，唐太宗离不开魏徵，有魏徵在，唐太宗才能放心。

贞观十七年正月，魏徵的身体越来越不佳，皇帝亲自去看望。第二次去的时候，魏徵已经病得很严重，连朝服都穿不上了，唐太宗握着魏徵的手失声痛哭。魏徵逝世后，唐太宗亲自去魏徵家吊唁，哭得非常伤心，并下旨：停止上朝五天；朝中文武百官和各地在京城的官员都去参加葬礼。葬礼那天，唐太宗站在宫中的西楼上，望着给魏徵送葬的队伍，哭得很是悲伤。

魏徵死后，唐太宗对他思念不已。说出了这样一番话："以铜为镜，可以整理衣服帽子；以史为镜，可以看到历代兴亡交替的原因；以人为镜，可以知道自己的得与失。现在魏徵死了，从此，我最明亮的一面镜子没有了。"

3. 唐太宗与长孙皇后

"贞观之治"盛极一时，唐太宗除了依靠他手下的一大批谋臣武将以外，也与他贤淑温良的妻子长孙皇后的辅佐是分不开的。长孙皇后是大唐盛世中的一位能够母仪天下的皇后。

长孙皇后出身于世代显赫的鲜卑贵族门第，自幼受过良好的教育，知书达理、聪明贤惠、生性节俭，是一个有见解、识大体、宽厚仁慈的女性。她13岁嫁给了李世民，李世民升储登基以后，被立为皇后，母仪天下。她以自己的贤德和才干辅助唐太宗成就了一番伟大的事业，为开创"贞观之治"的大好局面作出了不可磨灭的贡献。

长孙皇后帮助唐太宗将后宫事宜治理得井井有条，是唐太宗的贤内助。长孙皇后是一位非常慈爱的女性，豫章公主早年丧母，长孙皇后就把她收养为自己的孩子，视如己出。其他的嫔妃生病了，她总是能亲自探视抚慰，还把自己的药膳带去让病人服用。唐太宗有时候会因为不顺心而迁怒于宫女，每当这时，长孙皇后总是假装大怒，请求自己来审问此事，让人把宫女囚禁起来，等到唐

盛世与乱世

太宗息怒以后，再慢慢地为宫女开脱申辩，因此后宫里没有发生过一件冤案。人们都很拥戴她。

长乐公主是长孙皇后的亲生女儿，唐太宗非常偏爱她，可谓从小养尊处优。长乐公主出嫁之时，唐太宗特意为她准备了丰厚的嫁妆，所配嫁妆要比永嘉公主加倍，但是按照规矩这种做法是不合礼仪的。魏徵听说了此事，极力劝阻。唐太宗心里很不高兴，并把这件事情告诉了长孙皇后。可是没想到长孙皇后听完了不仅没有怨恨魏徵，反而赞叹道："我常常听陛下说魏徵是个忠臣，今天听了这件事情才真的明白魏徵是国家的栋梁之才啊！"还亲自派人送钱送绢给魏徵作为赏赐。

长孙皇后还非常有政治见解。唐太宗经常与她讨论国家大事，听取她的意见。每当唐太宗不肯纳谏时，长孙皇后总是不厌其烦地通过各种方式对他进行规劝。有一次，魏徵在朝上对皇帝进谏，言词尖刻，让唐太宗非常生气。回到宫中后，唐太宗对长孙皇后说："魏徵那个乡巴佬，我早晚要杀掉他。"长孙皇后问明了原委，立刻回自己的寝宫换上了朝服，来到了唐太宗面前，向他表示祝贺。正当唐太宗感到非常诧异之时，长孙皇后严肃地说："古人有句话说得好：有英明的君主，就有正直的臣子。现在朝廷中有魏徵这样的正直之臣，不正是说明陛下是英明的君主吗？我怎么能不祝贺陛下呢？"唐太宗听后立即明白了这个道理，转怒为喜。第二天上朝还特意向魏徵道了歉。

长孙皇后对自己的定位非常清楚，她就是要辅佐唐太宗把后宫治理好、把天下治理好。也正是因为长孙皇后的所作所为端正有道，唐太宗才对她更加信赖，回到后宫，常与她谈起一些军国大事及赏罚细节。长孙皇后虽然是一个很有见地的女人，但她不愿以自己特殊的身份干预国家大事，她有自己的一套处事原则，认为男女有别，应各司其职，所以对于国家大事，很少干涉。她最令人称道的地方就是主动帮助唐太宗防范外戚干政。长孙皇后的哥哥长孙无忌是皇帝的好朋友，贞观二年的时候，唐太宗要升他为宰相，长孙皇后极力反对，并以汉朝吕氏、霍氏的外戚专权乱政的历史事实提醒唐太宗，但是唐太宗没有听，还是让长孙无忌做了宰相。一年以

贞观之治

后，有人向皇帝报告说长孙无忌揽权，皇后听说了这件事情，立即去找自己的哥哥，要求他自动请求辞职。就这样，皇后在世的时候，长孙无忌一直都没有掌握实权。

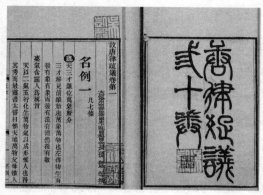

贞观八年，长孙皇后随唐太宗巡幸九成宫，在回来的路上受了风寒，又引动了旧日痼疾，病情日渐加重。太子承乾请求大赦囚徒并将他们送入道观来为母后祈福祛疾，群臣感念皇后盛德都随声附和，就连耿直的魏徵也没有提出异议；但长孙皇后自己坚决反对，她说："死生有命，富贵在天，非人力所能左右。若修福可以延寿，吾向来不做恶事；若行善无效，那么求福何用？赦免囚徒是国家大事，道观也是清静之地，不必因为我而搅扰，何必因我一妇人，而乱天下之法度！"她深明大义，终生不为自己而影响国事，众人听了都感动落泪。唐太宗也只好依照她的意思而作罢。

长孙皇后临终之时，还念念不忘朝政，她对唐太宗说："我死了之后请陛下不要浪费国家的财力为我建造陵墓，只要依山为坟，用瓦木做棺材就可以了；房玄龄侍奉陛下很久了，如果不是犯下了太大的罪过，最好不要轻易不用他；我的家人，因为我才得到了尊贵的地位，希望陛下不要把他们放在重要的位置上，只要作为外戚定期朝见就够了。"几天后，长孙皇后去世，年仅 36 岁。唐太宗悲痛地说："宫中再也听不见皇后的规谏之言了。"唐太宗日夜思念长孙皇后，常常流泪，他还在宫里面建了一个高塔，用来瞭望长孙皇后的陵墓——昭陵。

（四）改善隋制与司法建设

唐朝刚刚建立的时候，一切政权组织都是沿袭着隋朝的制度。唐太宗即位后，开始改革隋朝制度，尤其是政治制度的弊端，使中央专治政治得到了空前的发展。唐太宗对隋朝制度的继承并不是原封不动地照搬照抄，而是根据新的国情，对旧的制度做了许多重要的改变和完善，其中在监察制度、整饬吏治、法律制度、军事制度等方面都有着很大的创新和突破，而最为突出的就是在政治上沿袭并改善了隋朝的三省六部制和科举制。

三省六部制是西汉以后长期发展形成的，中书省和尚书省是在两汉时期基本形成的。东汉废除中书省，只设尚书省，三国时恢复中书省。门下省是晋朝首先建立的，南北朝依然沿袭，晋朝时期三省制度基本建立起来，是中国封建社会的主要政治制度。三省在各个时期的历史作用和地位不同，封建社会末期实行封建专制，基本废除了三省制度。

贞观时的三省职权划分则初步体现了现代化政治特征——分权原则。中书省发布命令，门下省审查命令，尚书省执行命令。一个政令的形成，先由诸宰相在设于中书省的政事堂举行会议，形成决议后报皇帝批准，再由中书省以皇帝名义发布诏书。诏书发布之前，必须送门下省审查，门下省认为不合适的，可以拒绝"副署"。诏书缺少副署，依法即不能颁布。只有门下省"副署"后的诏书才成为国家正式法令，交由尚书省执行。这种政治运作方式很有点类似现代的"三权分立"制，西方在 17 世纪兴起的分权学说，李世民早在一千多年前就已运用于中国的政治体制，进一步说明了贞观时的文明程度之高。最为难能可贵的是，李世民规定自己的诏书也必须由门下省"副署"后才能生效，从而有效地防止了他在心血来潮和心情不好时做出有损他清誉的不慎重决定。

推翻隋朝的统治后，唐王朝的帝王承袭了隋朝传下来的人才选拔制度，并做了进一步的完善。由此，科举制度逐渐完备起来。唐朝考试科目很多，常设科目主要有明经（经义）、进士、明法（法律）、明字（文字）、明算（算学）。科举制度在中国实行了整整一千三百年，不仅对中国，乃至对世界都产生了深远的影响。隋唐以后中国的社会结构、政治制度、教育、人文思想，莫不受科举的影响。

唐太宗还特别注意司法建设，认为落实法制是维系民心的工具，统治者要想取得令行禁止的效果，必须取信于民；而要做到这一点，用法必须先上后下，先贵后贱。而作为统治者必须保持清醒的理智，使自己的性情服从意志，服从法制，更要制约性情的自我膨胀，否则将会小人得

贞观之治

志，忠贞之人受到排挤，加速国家的灭亡。唐太宗在执法方面主张宽缓，他坚决反对像秦朝那样实行严酷刑罚，但同时又坚决主张明正典刑，反对徇私枉法。唐太宗非常注重以身作则，带头维护法律的权威。同时，为了维护法律的稳定，他除了强调出令要慎重，言出必行，不能轻易变更之外，还反对前朝经常赦免罪犯，虚图仁慈之名的做法。这种强调法律执行公正的作风，对唐朝贞观时期社会阶级矛盾以及社会各阶级和统治集团矛盾的缓和，对稳定唐朝社会秩序和促进经济发展都起到了积极作用。

（五）华夷一体

1. "怀柔"政策

贞观年间也是中国历史上民族关系较好的时代。唐太宗为顺应历史潮流，调整统治政策，始终以华夷一体的思想做指导，对民族问题做了恰当的安排和处理，促进了各民族的团结和统一，这为国家统一和经济发展创造了十分有利的条件。在唐代，各少数民族接受先进的汉族经济政治和文化的影响，社会经济都有了很大的发展，在此基础上，各民族之间文化的交流和民族融合的程度也进一步加深了。唐王朝当时之所以能够成为世界上最文明强盛的国家，也是与它接受和融合了各兄弟民族的文化分不开的。

其实，李氏家族就是民族融合的典型。唐太宗的祖母、母亲和皇后都是鲜卑人；李世民二十二个女儿中的六个嫁给了汉化的鲜卑人。在这样的家族影响下，李世民自然没有什么民族偏见。唐太宗曾经说过："夷人狄人也是人，他们的情感和我们没有什么不同。"贞观二十一年，平定了薛延陀部之后，回鹘各部族请求归附，唐太宗就说："自古以来，人们都认为我们中原人是优秀、尊贵的民族，而认为夷人狄人是卑贱的民族，朕却偏偏将所有民族都视为同等，所以这些少数民族都像依赖父母那样依附着我。"而在行动上，他也确实是这样做的。有一次，贞观年间，有一个突厥的官吏，行至玄武门，吃饭的时候，留下了肉没吃，别人问他为什么不吃肉，他回答说："我想把肉带回去给我的母亲吃。"唐太宗听说了这件事情感叹道："这种仁义孝顺是人的天性啊，怎么会

盛世与乱世

因为华夏民族和少数民族之别而有所不同呢！"于是他赏赐这个突厥人一匹马，并准备了更多的肉送给他，让他回家孝敬自己的母亲。

唐太宗采取了比较正确的少数民族政策，在军事征伐的同时，尽量采用了怀柔政策，使少数民族安居乐业，共同开拓边疆。唐太宗对待少数民族首先是招抚，例如东北许多民族因为历史上关系密切，唐初的时候就主动派遣使者来到唐朝，向唐朝纳贡。唐朝对这些使臣都给以优厚的接待，例如奚、契丹、室韦、靺鞨等。其次，采取和亲政策。贞观十五年正月，唐太宗把文成公主许配给吐蕃首领松赞干布。此外，对于一些强大而有威胁的民族也采取了区别对待的策略，争取他们中的一部分力量，而只对有敌对态度的才采取军事征服的策略。根据各民族地区不同情况，灵活地采取招抚、和亲或战争等各种不同的方式，唐代才建成了超过秦汉的多民族的强大王朝。

2. 少数民族的优惠措施

唐太宗对各地少数民族礼法并用，实施了非常积极而且慎重的怀柔政策。此外，他还特意实行了一些优待少数民族的措施。

首先，优待各民族的君长。对于归附后入朝的可汗或国王，唐朝大都授予显贵的职务或封爵，死后祭奠，并且他们的子弟可以世袭父辈的爵位，或者赐李姓，将他们作为宗室看待。贞观三年的时候，突厥的突利可汗请求入朝，唐太宗优厚地款待他，第二年就封他为右卫大将军、北平郡王，赐给食邑七百户等等。贞观二十二年，赐契丹酋长、奚国酋长李姓。

其次，从多方面优待少数民族。在赋税和徭役上照顾少数民族，在生活上救济少数民族，改善他们的生活。这些都是唐王朝不同于其他民族统治者的明显标志。李世民知道民族压迫和剥削的恶果，因此，对归附或征服的边疆少数民族，都不征税。

第三，不轻易对少数民族用兵，慎重选取官吏处理民族事务，对破坏民族关系的官员严明法纪，加以惩办。